Freude und Hoffnung

Die Kirche in der Welt von heute

und die Aktualität des Konzils

Herausgegeben von

Franz-Josef Overbeck

Franz-Xaver Kaufmann
Karl Kardinal Lehmann
Franz-Josef Overbeck

Freude und Hoffnung

*Die Kirche in der Welt von heute
und die Aktualität des Konzils*

Herausgegeben von
Franz-Josef Overbeck

Matthias Grünewald Verlag

VERLAGSGRUPPE PATMOS

PATMOS
ESCHBACH
GRÜNEWALD
THORBECKE
SCHWABEN

Die Verlagsgruppe
mit Sinn für das Leben

Für die Schwabenverlag AG ist Nachhaltigkeit ein wichtiger Maßstab ihres Handelns. Wir achten daher auf den Einsatz umweltschonender Ressourcen und Materialien.

Umschlaggestaltung: Finken & Bumiller
Umschlagmotiv: © Arthimedes / shutterstock.com
Satz: post scriptum, Emmendingen / Hüfingen
Druck: CPI books GmbH, Leck
Printed in Germany
ISBN 978-3-7867-4005-6 (Print)
ISBN 978-3-7867-4006-3 (eBook)

Inhalt

FRANZ-JOSEF OVERBECK

Vorwort des Herausgebers

Das Zweite Vatikanische Konzil, das im Dezember 1965 zu Ende ging, hat viele Menschen in Euphorie versetzt, weil sich Fenster öffneten, neue Perspektiven sichtbar wurden und die Frische des Heiligen Geistes durch die Räume der Kirche zog. Für die Zeitzeugen von damals war das II. Vatikanum eine ungemein inspirierende Erfahrung. Das stärkte die Hoffnung, »im Heute glauben« zu können, wie es der überdiözesane Gesprächsprozess der Deutschen Bischofskonferenz in den Jahren 2011 bis 2015 formuliert hat. Der Zukunftsoptimismus, der z. B. wesentliche Texte der Pastoralkonstitution des Zweiten Vatikanischen Konzils *Gaudium et spes* durchzieht, war aber bereits mit dem Ende der 1960er Jahre verflogen. Er ist heute bei vielen Menschen einer großen Skepsis gewichen, gerade auch in unserer Kirche. Es gab in den vergangenen

50 Jahren erstaunlich offene Gespräche und Auseinandersetzungen zu unterschiedlichen Themen, aber auch viel Verunsicherung, Widerspruch und Konflikte. Wir spüren hier Grenzen, die mit dem lebendigen Weiterschreiben unserer Tradition und dem Verständnis der Heiligen Schrift zu tun haben, aber auch mit einer ethischen Bewertung der unendlich gewachsenen Möglichkeiten des Menschen – sowohl im Blick auf seine individuelle als auch auf seine gesellschaftliche und sozial-politische Lebenswelt.

Die letzten 50 Jahre haben aufwühlende Entwicklungen mit sich gebracht. Da treten innerkirchliche Konflikte offen zutage; da nimmt der radikale Traditionsabbruch Ausmaße an, die unser kirchliches Leben immer weiter infragestellen; da kommen viele Menschen an wirtschaftliche Grenzen, manche Bistümer ebenso, während sich andere eines wirtschaftlichen Wachstums erfreuen, was aber keinesfalls mit der Verheißung einer wachsenden Glaubenssubstanz zusammengeht. Gleichzeitig brechen in unserem Land und in der Welt ganz neue Fragen auf, die unsere in-

nerkirchlichen Probleme geradezu harmlos erscheinen lassen, z. B. die ungeheuren Kriegserfah-
rungen und Gräueltaten im Nahen und Mittleren
Osten wie auch der große Strom an Flüchtlingen
und Asylsuchenden.

Das Massenphänomen flüchtender Menschen
hat weitreichende nationale und internationale,
gesellschaftspolitische und kulturelle, religiöse
und andere, bisher ungeahnte Dimensionen. Die
vielen ertrunkenen Flüchtlinge offenbaren nicht
nur unvorstellbare Nöte von Menschen, sondern
zugleich auch das Scheitern politischer Systeme
und einer bestimmten Flüchtlingspolitik; was
sich im Mittelmeer zeigt, setzt sich auf verschiedene Weise an Land fort. Die Flüchtlinge, die zu
uns nach Deutschland gekommen sind und wei-
terhin kommen, stehen für ein Phänomen, das
uns heute und in Zukunft in vielfacher Hinsicht
weiter beschäftigen wird. Die Globalisierung und
die Zunahme an Gewalt, oftmals auch religiösen
und ethnisch-nationalen Ursprungs, wie auch die
Sehnsucht der Menschen nach mehr Wohlstand
stellen uns alle vor neue Fragen. Unsere Welt

mischt sich neu. Wir leben mitten darin. Niemand kann sich entschuldigen oder wegsehen. Was sich seit Jahren angekündigt hat, wird nun mit einer bisher unvorstellbaren Dynamik erfahrbar. Zorn oder allgemeine Betroffenheit helfen nicht. Unsere Identität steht auf dem Prüfstand, und unsere Solidarität ist gefragt.

Wir machen Grenzerfahrungen. Sie sind mit Schwäche verbunden, mit Ohnmacht und Hilflosigkeit. Grenzerfahrungen bedeuten aber auch Provokation und Unruhe, setzen Gewohntes außer Kraft und öffnen neue Felder, zwingen zu Wegen, die noch nie begangen worden sind, machen neue Orientierung notwendig. Die Phänomene zeigen deutlich: Wir kommen an eine Grenze. Was sich hier offenbart, hat auch zu tun mit den Phänomenen von Globalisierung und Digitalisierung. Die Grenzen bisheriger Welten brechen auf, Informationsfluten ungeahnten Ausmaßes weiten die Horizonte, überfordern aber auch. Hinter dem Negativen und Gefährlichen dieser Entwicklung steckt jedoch auch das Positive, nämlich Entdeckerfreude, Mut zum Wagnis und Suche nach Neuem.

Die Grenzerfahrungen von heute, im Inneren des Menschen wie im Äußeren, sind Ausdruck von Wachstums-Phänomenen. Denn Grenzen können Wachstum provozieren. Darin zeigt sich auch die tiefe religiöse Wahrheit des christlichen Glaubens: Jedes Ende birgt einen neuen Anfang in sich; aus dem Verlust des Alten entsteht der Gewinn des Neuen; aus dem Tod erwächst Leben!

Mich berührt all dies sehr, weil wir an Grenzen stoßen, die große Veränderungen und Entwicklungen mit sich bringen, unendliche Ängste auslösen, aber auch große Hoffnungen wecken. Im konkreten Alltag unserer Kirche erleben wir die Grenzen radikal, wenn wir auf die Menschen schauen, die aktiv bei uns – wie wir zu sagen pflegen – »mitmachen«. In unseren Gottesdiensten, in unseren Gruppen, Gemeinschaften und Gremien werden wir weniger. Wenn wir ehrlich sind, spüren wir auch, dass die alten Rituale nicht nur liturgisch, sondern auch in allen anderen Räumen wenig, oft keine Wirkung mehr zeigen. Viele unserer Riten, Traditionen und Sprachmuster sind heute nicht nur den allermeisten der jüngeren Genera-

tion fremd geworden. Sich das ehrlich einzugeste-
hen und von daher diese Grenze als Chance auf
Wachstum zu begreifen, führt in die Tiefe. Dies
auszusprechen, ist befreiend, denn es berührt und
mobilisiert neue Kräfte – schon allein durch die
Fragen, die sich derzeit viele in unserer Kirche stellen und die in die Tiefe führen: Woran glauben wir
eigentlich? Worauf setzen wir unser Leben, was ist
wirklich wichtig und wesentlich? Was bleibt jenseits aller Veränderungen?

Die Auseinandersetzung mit diesen Fragen angesichts der gegenwärtigen Grenzerfahrungen
stärkt und motiviert die vielen Christen, die an die
Kraft des Evangeliums glauben und mitbauen wollen an einer Kirche, die auch morgen noch anzie-
hend und ansprechend wirkt. Sie wollen die jetzt
spürbaren Grenzen weiten, sogar überwinden,
um nach vorne zu gehen, wie wir es an der Gestalt
des Mose sehen, der mit seinem Volk auch an eine
Grenze kam, nämlich an die Grenze zum Übergang in das verheißene Land der Zukunft. Das
Volk war sicherlich ängstlich und unsicher, was
wohl jenseits der Grenze geschehen würde. Mose

aber gab den sinngemäß einfachen Rat: Behaltet
euer Fundament im Blick, dann werdet ihr leben!
Achtet auf das, was Gott euch sagt und mitgege-
ben hat! Seid euch der tiefen Weisheit bewusst, die
ihr in euch tragt! Bewahrt die Nähe eures Gottes!
(vgl. Dtn 4,1–2.6–8). Unser stärkstes Fundament
ist eben: Gott ist und bleibt uns nahe durch Jesus
Christus in der Gemeinschaft unserer Kirche. Er
gibt die Kraft und leitet uns, auf das Lebenswissen
und das Heute zu hören sowie auf neues Leben
hin zu wachsen.

So gilt es auch, das Erbe des Zweiten Vatikanischen Konzils nicht einfach zu verwalten, sondern
in eine neue Zeit zu überführen, in eine neue Sprache und damit auch in eine neue Form, ohne die
– dessen bin ich gewiss – wir in unserer Kultur, die
lokal wie gleichzeitig global zu verstehen ist, die
Menschen nicht mehr erreichen werden. Das pil-
gernde Volk Gottes, von dem beim Konzil so viel
die Rede war, darf nicht stehen bleiben, es muss in
Bewegung sein. In seinen Begegnungen auf dem
Weg durch die Zeit wird es immer neue Verän-
derungsimpulse erleben, die es aufnehmen muss,

will es nicht sein Ziel aus den Augen verlieren, die Orientierung am Gelobten Land. Von Papst Franziskus ist hier viel zu lernen, nämlich von den Rändern, von der Peripherie, von den Grenzen her zu glauben, zu handeln, zu beten und zu denken. Normalerweise sind wir es gewohnt, Kontrolle auszuüben, die Wirklichkeit von ihrer Mitte her zu betrachten und von hierher alles zu bestimmen. Plötzlich aber leben wir in einer neuen Welt. Nicht mehr die Mitte, das Gewohnte und das Zentrum sind von Interesse; es sind die Ränder, die interessieren. Von den Grenzen, von der Peripherie her, bekommen wir als Kirche einen neuen Ort von Gott zugewiesen und sollen unseren Alltag wie ein gastfreundliches Haus der Begegnung gestalten. Die Unglückspropheten unserer Zeit sollen uns nicht Angst einflößen und lähmen; vielmehr treibt uns eine wirkliche Kompassion, eine Mitleidenschaft für die Menschen von heute. Wiederum sind es die Flüchtlinge und Asylsuchenden, die zu uns kommen, von denen wir lernen können. Viele von ihnen sind tief religiöse Menschen. Sie zeigen uns, was Exodus heißt, nämlich sich mit einer Hoffnung auf Erlösung aufzumachen, in Bewegung zu geraten, im Vertrauen auf Gott seinen Verheißungen zu folgen.

Das Zweite Vatikanische Konzil fortzuschreiben, ist deswegen eine Aufgabe, »Kirche in der Welt von heute« zu leben und zu sein; nicht »neben der Welt« oder gar »über der Welt«, sondern ganz klar und unmissverständlich »in der Welt« und »für die Welt«. Dort, wo die Menschen leben, soll die Kirche sein. Wenn wir angesichts des demografischen Wandels und der kirchlichen Schrumpfungserfahrungen der vergangenen Jahrzehnte so manches nicht aufrechterhalten können, so darf es genau *nicht* um den Rückzug aus der Welt und die ausschließlich kontemplative Konzentration auf den Innenbereich gehen. Vielmehr müssen wir auf die geistliche Kraft des Glaubens vertrauen, von dem auch das Zweite Vatikanische Konzil durchdrungen ist, um Orientierung und Erneuerung durch ein doppeltes Prinzip zu erfahren: durch das Prinzip der geistlichen Sammlung und durch das Prinzip der missionarischen Sendung. Beide Prinzipien sind so eng aufeinander verwiesen, dass die geistliche Sammlung ohne die missionarische Sendung nicht bestehen kann und umgekehrt. Diese innere Beziehung zwischen Sammlung und Sendung ist Ausdruck jener Kraft, die uns hilft, von den Grenzen, von der Peripherie her die Kirche zu erneuern und den Weg des Zweiten Vatikanischen Konzils weiterzugehen.

Um der Aktualität der Pastoralkonstitution nachzugehen, hat die Kommission für gesellschaftliche und soziale Fragen im Rahmen des Konzilsgedenkens der Deutschen Bischofskonferenz am 15. Oktober 2015 in der Katholischen Akademie in Berlin eine Veranstaltung unter dem Titel »Kirche in der Welt von heute. Zukunftsperspektiven im Anschluss an *Gaudium et spes*« durchgeführt. Die Diskussion drehte sich vor allem um die Fragen: Welche Art der Erneuerung brachte *Gaudium et spes* der katholischen Kirche, und wie entfaltete sich ihre Botschaft im Laufe der Zeit? Welche »Zeichen der Zeit« fordern die Kirche heute? Wie steht es um den Dialog der Kirche mit der Welt? Gelingt die Kommunikation oder haben sich neue Mauern aufgebaut? Welchen Beitrag kann *Gaudium et spes* heute bei der Bewältigung dieser Herausforderungen leisten?

Die beiden Vorträge dieser Veranstaltung – von Franz-Xaver Kaufmann und mir – sind in dieses Buch eingegangen. Ich danke Professor Kaufmann sehr herzlich für seine Mitwirkung und seine wertvollen Impulse bei der Diskussion in Berlin und für die Bereitschaft, seinen Vortrag in diesem Rahmen auch zu veröffentlichen. Darüber hinaus bin ich Karl Kardinal Lehmann ausgesprochen dankbar, dass er seinen Vortrag im Rahmen der Festakademie »50 Jahre Zweites Vatikanisches Konzil« der Deutschen Bischofskonferenz am 24. September 2015 in Fulda für dieses Buch zur Verfügung gestellt hat. Burkhard Menke danke ich für die gute Zusammenarbeit und das sorgfältige Lektorat.

Gemeinsam werfen diese Texte einen Blick auf die Aufgabe, die Impulse von *Gaudium et spes* immer wieder zu vergegenwärtigen, eben zu bezeugen, dass »Freude und Hoffnung, Trauer und Angst der Menschen von heute, besonders der Armen und Bedrängten aller Art, … auch Freude und

Hoffnung, Trauer und Angst der Jünger Christi [sind]. Und es gibt nichts wahrhaft Menschliches, das nicht in ihren Herzen seinen Widerhall fände« (GS 1). Das ist mehr als eine kirchliche Sympathieerklärung, das ist eine Freundschaftserklärung an alle Menschen, die uns Christen ermuntert, als Kirche mit Christus und in seiner Gesinnung den Weg durch diese Welt zu gehen. Diese Gesinnung besteht nicht in einer Weltflüchtigkeit, sondern bewährt sich in der Tugend der Welttüchtigkeit. Keineswegs geht es dabei um eine Verweltlichung der Kirche und ebenso nicht um eine Verkirchlichung der Welt – es geht um ein missionarisches Christsein in der Welt von heute.

KARL KARDINAL LEHMANN

Konzil als Prozess
Das Zweite Vatikanum und seine Wirkungsgeschichte

Dieses Thema in der hier gebotenen Kürze zu umreißen, stellt eine große Herausforderung dar. Es gibt Erkenntnisse, die dafür gewissermaßen eine Art von Voraussetzung sind, die in diesem Rahmen jedoch nicht entfaltet werden können. Ich möchte dennoch einen Text bieten, wo diese Voraussetzungen in etwas ausführlicheren Anmerkungen zumindest skizziert sind, so dass sie auf Wunsch nachgelesen werden können.

I. Konzil im Prozess

Alles kommt auf den Anfang und den Ansatz an. Darum ist es notwendig, sich über die Voraussetzungen zu verständigen, wenn man über die

Bedeutung des Zweiten Vatikanischen Konzils spricht. Dabei ist es gut, dass wir heute über das Entstehen dieses Konzils besser Bescheid wissen als noch vor einigen Jahren. Dies geht zum Teil auf die Erschließung neuer Quellen, vor allem der Konzilstagebücher bedeutender Theologen und Bischöfe zurück.[1] Außerdem verfügen wir über sehr präzise Untersuchungen zu einzelnen Theologen, wie wir sie bisher nicht hatten.[2] Es ist außerdem, nicht zuletzt dank der Forschungen von Giuseppe Alberigo, heute ziemlich klar, dass Papst Johannes XXIII. dieses Konzil vor allem im Blick

---

[1] Von großem Wert sind Y. Congar, Mon Journal du Concile I–II, Paris 2002; H. de Lubac, Carnets du Concile, 2 Bände, Paris 2007. Ich nenne aber auch die entsprechenden Tagebücher von O. Semmelroth, A. Grillmeier, M. D. Chenu, S. Tromp, J. Döpfner, H. Volk usw. – Dass immer wieder aufschlussreiche Texte veröffentlicht werden, sieht man an zwei Texten von H. de Lubac, Les exigences actuelles de notre foi (1963), L'après-concile (1965), in: Association Internationale Cardinal Henri de Lubac, Bulletin, Band XIV (2012), 4–23, 24–27.

[2] Beispielhaft dafür ist G. Wassilowsky, Universales Heilssakrament Kirche. Karl Rahners Beitrag zur Ekklesiologie des Zweiten Vatikanums = Innsbrucker theologische Studien 59, Innsbruck 2001.

Liebe Leserin, lieber Leser,

gerne informieren wir Sie künftig über unsere Neuerscheinungen. Teilen Sie uns mit, für welche Themen
Sie sich interessieren, und schicken Sie einfach diese
Karte zurück. Wenn Sie außerdem unsere Fragen auf
der Rückseite beantworten, helfen Sie uns, zukünftig
genau die Bücher zu machen, die **Sie** interessieren!

**Bei Rücksendung dieser Bücherkarte nehmen
Sie an unserer monatlichen Verlosung teil:** Die
Gewinnerin/der Gewinner erhält Bücher aus den von
Ihnen genannten Themenbereichen im Wert von 50,– €.

VORNAME / NAME

_____

STRASSE / HAUSNUMMER

_____

PLZ / ORT

_____

E-MAIL

_____

Bei Angabe Ihrer Mail-Adresse erhalten Sie rund 6 Mal jährlich unseren
Newsletter, der Sie über die uns genannten Themenbereiche informiert.

Antwort

VERLAGSGRUPPE PATMOS
Senefelderstraße 12
D-73760 Ostfildern

Ihre Meinung ist uns *wichtig!*

DIESE KARTE LAG FOLGENDEM BUCH BEI:

_____

IHRE MEINUNG ZU DIESEM BUCH:

_____

_____

_____

_____

WIE/WO SIND SIE AUF DIESES BUCH GESTOSSEN:

_____

_____

_____

Für welche Themen interessieren Sie sich?

O Psychologie | Lebensgestaltung |
Religion | Spiritualität | Kalender ___ **PATMOS**

O Kinderbuch ___ **PATMOS** *Kinderbuch*

O Theologie ___ **GRÜNEWALD**

O Pastorale Praxis | Sieger Köder ___ **SCHWABEN**

O Kochen & Backen | Haus & Garten |
Geschenkbuch & Kalender ___ **THORBECKE** *Lebensart*

O Geschichtswissenschaft |
Landeskunde Südwestdeutschland ___ **THORBECKE** *Geschichte*

O Kundenmagazin ___ *Lebe gut*

Zu den von Ihnen angekreuzten Themen schicken wir
Ihnen gerne halbjährlich unsere Prospekte mit den
Neuerscheinungen. Außerdem erhalten Sie bei Angabe
Ihrer E-Mail-Adresse unsere jeweiligen Newsletter.
(Beides ist jederzeit formlos kündbar.)

E-MAIL-ADRESSE

_____

Einen Überblick über unser Gesamtprogramm sowie
unsere E-Books finden Sie unter
www.verlagsgruppe-patmos.de.
Außerdem freuen wir uns über Ihre Wünsche, Fragen oder
Kritik an **kundenservice@verlagsgruppe-patmos.de.**

f lebegut

VERLAGSGRUPPE PATMOS
Die Verlagsgruppe mit Sinn für das Leben

auf die Zukunft der Kirche gewollt hat. Schon in der Ansprache vom 25. Januar 1959 hielt er ein Konzil auch darum für zweckmäßig, da die Kirche im Begriff sei, in eine geschichtliche Phase von außergewöhnlicher Tragweite einzutreten. Später ist von der »Grenzlinie zu einer neuen Epoche« die Rede. Die Akzente wurden im Verlauf der Zeit etwas verschieden gesetzt. Die Einheit der Christen z. B. spielte eine immer größere Rolle.

Der Papst hatte kein fertiges Konzilskonzept. »Ziele und Wesen des Konzils wurden fortschreitend entworfen; sobald etwas als richtig erkannt war, wurde es festgehalten und vertieft in seinen Stärken und Zusammenhängen in der persönlichen Reflexion des Papstes.«[3] Dem widerspricht

---

[3] G. Alberigo u.a. (Hg.), Geschichte des Zweiten Vatikanischen Konzils (1959–1965), Band I, Mainz 1997, 38. Von der deutschen Übersetzung Geschichte des Zweiten Vatikanischen Konzils sind mit dem letzten Band (2008) alle fünf Bände erschienen. Die italienische Urausgabe Storia del Concilio Vaticano II (Bologna 1995 ff.) wurde bereits 2001 mit dem V. Band abgeschlossen. Vgl. dazu auch F. X. Bischof (Hg.), Das Zweite Vatikanische Konzil (1962–1965). Stand und Perspektiven der kirchenhistorischen Forschung im Deutschsprachigen Raum = Münchener Kirchenhistorische

nicht, dass Johannes XXIII. mit großer Beharr-
lichkeit das Konzilsvorhaben verfolgte.

>>Papst Johannes wollte ein Konzil des histori-
schen Übergangs, folglich ein Konzil, das der
Kirche den Weg weist aus der nachtridentini-
schen Epoche und in gewissem Maße aus der
jahrhundertelangen konstantinischen Zeit in
eine neue Phase des Zeugnisses und der Verkündigung; dabei sollte auf die wichtigen und dauer-
haften Elemente der Tradition zurückgegriffen
werden, die als geeignet beurteilt wurden, den

Studien. Neue Folge 1, Stuttgart 2012; vgl. auch R. de Mattei,
Das Zweite Vatikanische Konzil. Eine bislang ungeschrie-
bene Geschichte, Lindau 2011 (leider in vielem tendenziös);
S. Madrigal, Unas lecciones sobre el Vaticano II y su legado,
Madrid 2012; R. Miggelbrink, 50 Jahre nach dem Konzil,
Paderborn 2012; J.-H. Tück (Hg.), Erinnerung an die Zukunft. Das Zweite Vatikanische Konzil, Freiburg i. Br. 2012;
W. Kasper, Erneuerung aus dem Ursprung, in: Frankfurter
Allgemeine Zeitung, 29. 9. 2012 (Nr. 228), 8. Vgl. >>Hand-
werkszeug<<: M. Quisinsky / Peter Walter (Hrsg.), Personen-
lexikon zum Zweiten Vatikanischen Konzil, Freiburg i. Br.
2012 (mit zahlreichen Literaturangaben); Pontificio comitato
di scienze storiche, Bibliographie du Concile Vatican II, hrsg.
von Ph. J. Roy = Atti e documenti 34, Vaticano 2012.

evangelischen Charakter eines so schwierigen Übergangs zu befruchten und zu garantieren.«[4]

Man kann diese Zielsetzung nicht genügend hervorheben, denn sie war weder den Bischöfen in der Weltkirche noch der Kurie selbstverständlich. Manche sahen in einem solchen Konzil nur einen Nachtrag zum Ersten Vatikanum, das ja nicht abgeschlossen war. Der Papst war in einem tiefen und unerschütterlichen Glauben an einen solchen Schritt nach vorn überzeugt, befand sich aber nach einem Wort von Yves Congar in einer »institutionellen Einsamkeit«.[5] Johannes XXIII. wollte aber bewusst die Aufgabe des Konzils im Rahmen und Horizont der Zeit und der Gegenwart verstanden

---

4 Ebd., 46.
5 Vgl. ebd., 48. Dies zeigt sich auch noch am Tag der Konzilseröffnung, vgl. dazu K. Lehmann, Ein kräftiger Anfang. Heute vor vierzig Jahren wurde das Zweite Vatikanische Konzil eröffnet – eine Erinnerung, in: Süddeutsche Zeitung 58 (2002) Nr. 235, 11. 10. 2002, 13. Diese und andere Texte auch bei J. Nabbefeld / H. Nitsche (Hg.), 1962 – Ein besonderes Jahr für Kirche und Welt, Bad Honnef 2012, 40–44.

wissen, und zwar bewusst in einer umfassenden Perspektive.

Für das Verständnis des Konzils ist dieser Ansatz außerordentlich wichtig. In gewisser Weise darf man hier wohl auch einen neuen Akzent bei einem strukturellen Vergleich der Konzilien untereinander sehen. Denn dieses Programm unterscheidet sich deutlich von den Einberufungsgründen anderer großer Kirchenversammlungen, wo sehr oft einzelne Lehr- und Disziplinentscheidungen getroffen werden mussten.[6] In dieser Perspektive, die allerdings zu sehr nur rückwärtsgewandt ist, kann man auch die Bedenken verstehen, die

6 Vgl. Geschichte der Konzilien, hrsg. von G. Alberigo, Düsseldorf 1993, 13 ff., 414 ff. (Lit.); K. Schatz, Allgemeine Konzilien – Brennpunkte der Kirchengeschichte, Paderborn 1997, 263–332; H. Jedin, Kleine Konziliengeschichte, 5. Aufl., Freiburg i. Br. 1962; ders., Strukturprobleme der Ökumenischen Konzilien = Arbeitsgemeinschaft für Forschung des Landes Nordrhein-Westfalen, Geisteswissenschaften 115, Köln 1963, 9 ff., 13 ff.; ders., Vaticanum II und Tridentinum, Tradition und Fortschritt in der Kirchengeschichte = Arbeitsgemeinschaft für Forschung des Landes Nordrhein-Westfalen, Geisteswissenschaften 146, Köln 1968. Viele Aufsätze sind gesammelt in H. Jedin, Kirche des Glaubens – Kirche der Geschichte, 2 Bände, Freiburg i. Br. 1966.

sich gegen eine solche – wie manche meinten – »diffuse« Konzilsidee richteten. Auf jeden Fall erscheint dadurch das Konzil ganz grundlegend als ein Prozess. Natürlich gilt dies zunächst für jedes historische Phänomen, aber im Blick auf das Zweite Vatikanum gehört die bewusste Gestaltung dieser Kirchenversammlung als »Übergang« zu einer neuen Zeit doch ganz grundlegend in die Konzeption selbst. So hat sich die Konzilsidee auch beim Papst selbst immer wieder verändert, indem neue Horizonte und Dimensionen eröffnet wurden:

»Der Horizont des Papstes scheint sich immer mehr zu weiten, bis ausdrücklich die Menschheit in ihrer Gesamtheit einbezogen wird; nicht nur der missionarische Impuls ist hier entscheidend, sondern auch der immer strenger werdende Einsatz für den Frieden in der Welt.«[7]

---

[7] Geschichte des Zweiten Vatikanischen Konzils I, 44. Vgl. auch die Rolle der Enzykliken Mater et magistra vom 15. 5. 1961 und besonders Pacem in terris vom 11. 4. 1963.

Dafür gab es keinen herkömmlichen »Typ« des Konzils und darum auch keine direkt brauchbaren Modelle. Freilich konnte Johannes XXIII. das geplante Konzil auch in ziemlich traditionellen Formen beschreiben. Ich möchte diesen Ansatz »Konzil als Prozess« und »Konzil als Übergang« zum Verständnis des Konzils einer Kennzeichnung als »aggiornamento«, »Modernisierung« usw. vorziehen oder mindestens gleichstellen.

Von dieser offenen Strukturanlage des Zweiten Vatikanischen Konzils her ergibt sich natürlich auch die hier besonders wichtige Aufgabe, den Verlauf des Konzils und damit die Verwirklichung dieser Konzilsidee sehr genau zu verfolgen. Giuseppe Alberigo hat 1992 vor diesem Hintergrund auch das historiografische Projekt der *Geschichte des Zweiten Vatikanischen Konzils* begründet:

»In den hinter uns liegenden Jahren sind zwar Studien über einzelne Entscheidungen des Konzils oder über den einen oder anderen Aspekt seines Verlaufs produziert worden, aber es handelte sich dabei immer um Arbeiten, die nicht

aus dem organischen Bemühen um die Kenntnis
des tatsächlichen Verlaufs der konziliaren Ver-
sammlung erwachsen waren. Dies hat sich da-
hingehend ausgewirkt, dass einer bloß fragmen-
tarischen Kenntnis der Konzilsarbeit Nahrung
gegeben wurde, wobei im Schatten blieb, welch
umfassende historische Bedeutung das Zweite
Vatikanum gehabt hat, nämlich als Ereignis des
Übergangs des Katholizismus – und im großen
Ausmaß auch des gesamten Christentums – von
einer Epoche in die andere. Überdies hat das
Fehlen einer Gesamtschau des Konzils dazu
geführt, dass auch ein Impuls von Belang zur
wissenschaftlichen Vertiefung der Einsicht in
die Erneuerungsbemühungen ausgeblieben ist,
denen das Konzil selbst die Richtung gewiesen
oder die es selbst angeregt hat. Die Unsicherhei-
ten und die Langsamkeit der Rezeption haben
eben darin eine nicht unbedeutende Ursache.«[8]

[8] G. Alberigo, 1962–1992: Dreißig Jahre nach Beginn
des Zweiten Vatikanischen Konzils, in: Concilium 28 (1992),
113f. Vgl. Vatikanum II und Modernisierung, hrsg. von
F.-X. Kaufmann / A. Zingerle, Paderborn 1996; Das II. Vatikanum – christlicher Glaube im Horizont globaler Moder-

II. Das Problem von Rezeption und Wirkung

Es scheint mir von großer Bedeutung zu sein, dass man diesen vielfältigen Prozesscharakter des Konzils selbst im Auge behält. Dies ist nicht einfach. Man muss nämlich im selben Augenblick in die Vergangenheit und in die Zukunft blicken. Darum erscheinen auch manche Ereignisse und Texte in einer gewissen Zwiespältigkeit. Sie sind wie ein Januskopf, der auch Rätsel aufgeben kann, je nach der Richtung, in die man blickt. Gewiss ist dies bei jedem historischen Phänomen ähnlich, aber beim Konzil ist es Programm. Nicht zuletzt deshalb steht auch das Konzil als Ereignis, nicht nur als Textsammlung im Vordergrund.[9]

nisierung, hrsg. von P. Hünermann, Paderborn 1998; G. Alberigo, Breve storia del Concilio Vaticano II, Bologna 2005. Deutsche Übersetzung und Ausgabe: Die Fenster öffnen. Das Abenteuer des Zweiten Vatikanischen Konzils, 2. Aufl., Zürich 2007. Dieser Band empfiehlt sich als besonders kundige und geradezu fesselnde Darstellung des Konzils. Sie enthält auch bibliografische Notizen und eine Chronologie der Konzilsereignisse. Manches ist gegenüber der italienischen Ausgabe erweitert und aktualisiert.

[9] Dafür ist aufschlussreich auch der italienische Bischof L. Bettazzi, Das Zweite Vatikanum. Neustart der Kirche aus

Wir sind gewohnt, dass wir als Ausgangspunkt für Rezeptionsprozesse eine eindeutige, umgrenzbare und »fixe« Größe haben. Von da aus lassen sich dann die Rezeptionsprozesse sehr viel besser verfolgen, typisieren und vielleicht sogar als »Modelle« kategorisieren. Dies ist beim Zweiten Vatikanischen Konzil anders. Es gibt nicht nur eine sonst nie gekannte Quantität von Texten und ein überaus breites Spektrum an Aussagen, sondern darin auch eine zum Teil recht spannungsgeladene Bewegung. Ich würde jedoch weniger behaupten wollen, damit seien die Texte von vornherein gleichsam »uneindeutig«, was dem äußeren Anschein nach zutreffen kann. Lieber würde ich zunächst einmal von der Vieldimensionalität der Texte sprechen. Dies muss jede Hermeneutik, die unabtrennbar von der Rezeption ist, beachten.

Der Rezeptionsbegriff ist dabei sehr anspruchsvoll. Er bezieht sich ja vor allem auf die Adressa-

den Wurzeln des Glaubens, Würzburg 2012. Der ehemalige Weihbischof von Bologna hat selbstverständlich eine große Nähe zu Kardinal G. Lercaro aus Bologna, einem der vier Moderatoren des Konzils.

ten im Verstehensprozess von Lebensäußerungen. Sprecher und Hörer, Text und Leser gehören hier irgendwie immer zusammen.

»An der wechselseitigen und prinzipiell offenen Auseinandersetzung im Verstehensakt sind demnach die Vormeinungen und Erwartungen des Rezipienten, seine situative Eingebundenheit in Lebenskontexte und seine Verfahren der Sinnerschließung gleichermaßen beteiligt wie die Vorgaben des Sprechers oder des Textes. Das Vorverständnis des Empfängers darf im Austausch beider Seiten nicht letztlich zu Gunsten einer trügerischen Objektivität als auslöschbar aufgefasst werden, da es dauerhaft mitbestimmend bleibt.«[10]

10 K. Lorenz, Art. Rezeptionstheorie, in: Enzyklopädie Philosophie und Wissenschaftstheorie III, Stuttgart 1995, 611–613, Zitat 611; R. Warning, Rezeptionsästhetik, München 1975 (dort bes. die Studien von H. R. Jauß); W. Kuhlmann, Sprachphilosophie – Hermeneutik – Ethik = Forum Bad Homburg 2, Würzburg 1992; H. R. Jauß, Wege des Verstehens, München 1994. Speziell zu den hermeneutischen Kritierien für eine Geschichte des Zweiten Vatikanischen Konzils vgl. G. Alberigo (Hg.), Il Vaticano II fra attese e cele-

Gerade beim Zweiten Vatikanischen Konzil scheint es mir wichtig zu sein, dem Ausgangspunkt, also dem konziliaren Geschehen selbst mit seinen Resultaten, sehr genau nachzugehen. Die Uneindeutigkeit mancher Texte darf nicht zu einem Steinbruch werden, aus dem jeder auswählt, was ihm passt, sondern man muss die konkreten Bestimmungen der Konzilsaussagen mit ihren Kontexten selbst genau verfolgen. Sonst verlieren sie ihre Normativität. In diesem Sinne scheint mir die historisch-kritische Erschließung des Konzils, wie es durch das schon genannte fünfbändige internationale Werk unter Führung von Giuseppe Alberigo[11] (1926–2007) geschieht, auch

brazione, Bologna 1995, 9–26. Zur spezifisch-theologischen Problematik vgl. die Artikel Rezeption (W. Beinert, H. Zapp, N. Mette, E. Garhammer) sowie die Artikel Rezeptionsästhetik (G. Seubold) und Rezeptionsgeschichte (H.-J. Findeis), in: Lexikon für Theologie und Kirche, 3. Aufl., Bd. VIII, Freiburg 1999, 1147–1154.

11 Seine Aufsätze sind nun gesammelt in: G. Alberigo, Transizione Epocale. Studi sul Concilio Vaticano II, Bologna 2009 (vgl. hier auch mein Geleitwort: 17–21). Dieser Band mit fast 900 Seiten ist eine ausgezeichnete Ergänzung zur fünfbändigen Geschichte, die Alberigo herausgegeben hat. Erwähnt werden muss auch die Biografie von G. Albe-

für eine systematische Fragestellung von großer Bedeutung zu sein. Man darf hier den normativen Ursprung nicht zu schnell überspringen in die Rezeption hinein.

Es kommt noch ein weiteres Element hinzu. Ein Konzil vereinbart Texte, aber dabei bleibt es nicht. Ein Konzil schreibt Geschichte. Überall wird das gegenwärtige und das künftige Leben der Kirche auf vielen Ebenen mitbetroffen. Auch die gewesene Geschichte rückt oft in ein anderes Licht. Dies steigert sich noch, wenn wir im Zusammenhang der Frage der Rezeption die Frage erörtern, wo das Konzil selbst nicht nur positive Errungenschaften gebracht hat, sondern wo seine Verwirklichung auch mit Einbruchstellen und Mängeln verbunden ist. Die Forschung der letzten Jahre hat ja schon deutlich aufgezeigt, dass viele Symptome der kirchlichen Krise, die oft dem Konzil und seinen Folgen selbst angelastet werden, in Wirklichkeit schon vor der Konzilszeit oder während des Kon-

rigo, Johannes XXIII. Leben und Wirken des Konzilspapstes, Mainz 2000.

zils zu verzeichnen sind.[12] Ich denke z. B. an den Rückgang geistlicher Berufungen, die Probleme katholischer Medienerzeugnisse, eine gewisse Krise der Verbände usw. Wenn man nicht sorgfältig die verschiedenen Schichten und Horizonte bestimmt, entsteht ein kaum mehr zu entwirrender Knoten recht unterschiedlicher Stränge. Man muss also, gerade um einer gediegenen Rezeption willen, immer wieder zu den Quellen zurück, die hier aber identisch sind mit der großen Baustelle des Konzils. Man muss sorgfältig unterscheiden, in welchem Horizont bestimmte Aussagen ergangen sind. Nur dann ist man in der Lage, dem besonders wichtigen Phänomen der »Horizontverschmelzung« nachzugehen, um so die Lagerung vieler Schichten und die Staffelungen mehrerer Horizonte – oft in einer Aussage – zu verstehen.[13]

---

12 Dazu vgl. auch F.-X. Kaufmann, Kirche in der ambivalenten Moderne, Freiburg i. Br. 2012; H. Joas, Glaube als Option. Zukunftsmöglichkeiten des Christentums, Freiburg i. Br. 2012.

13 Vgl. H. G. Gadamer, Wahrheit und Methode = Gesammelte Werke 2, Tübingen 1986, 228 ff., 239 ff. Vgl. M. Wischke / M. Hofer (Hg.), Gadamer verstehen / Understanding

III. Differenzierte Analyse der Texte

Ein Konzilstext ist nicht identisch mit dem Elaborat eines Wissenschaftlers. Eine Konzilsaussage hat eigentlich fast immer Konsenscharakter. Mindestens entstammen die meisten Aussagen einem solchen Prozess und tragen die entsprechenden Spuren des Durchgangs durch ihn an sich. So handelt es sich oft um Kompromisse, auch wenn es am Ende einmütige Abstimmungen waren. Darum sind die Aussagen einzelner Gelehrter oder manchmal auch wissenschaftlicher Teams auf ihre Weise eindeutiger und bestimmter. Dies muss kein Mangel lehramtlicher und besonders konziliarer Texte sein, sondern zeigt zunächst nur ihre Eigenart auf, die auch eine Stärke sein kann: Sie sind Konsenstexte. Gerade deshalb brauchen aber Konzilstexte eine eigene Hermeneutik. Man muss die Konstellation ihres Zustandekommens und

Gadamer, Darmstadt 2003; H.-M. Schönherr-Mann (Hg.), Hermeneutik als Ethik, München 2004, 91 ff., 117 ff.

das Verschmelzen verschiedener Horizonte vor Augen haben.

In dieser Hermeneutik geht es zunächst darum, konziliare Texte gerade des Zweiten Vatikanischen Konzils in ihrer umfassenden Komplexität zu lesen. Ein bloß und von vornherein interessengeleitetes Suchen und Auswerten der Texte wird in diesem Horizont fast notwendig eklektisch. Man zitiert von verschiedener Seite, ob »konservativ« oder »progressiv«, oft nur Textsplitter. Auslassungen werden oft nicht kenntlich gemacht. Ergänzungen und gar Parallelen mit neuen Akzenten werden nicht beachtet. So werden nur einzelne Teilaussagen verwendet, die im Grunde bloß das Absprungbrett für Gedanken sind, die man ohnehin und unabhängig schon hat. Dies ließe sich zeigen an den Aussagen z. B. über die Wertung des Atheismus (LG 16; GS 18–22; AG 7), über die oft erörterte »Hierarchie der Wahrheiten« (UR 11), über Kriterien der Gliedschaft in der Kirche (LG 14) usw. Die innere Vielschichtigkeit zahlreicher Aussagen des Konzils muss den Primat behalten vor aller relativ wenig reflektierten Auswahl oder

einer selektiven Wahrnehmung der Texte.[14] Die
eigentümliche Offenheit und Vieldimensionalität
der Aussagen hat auch eine wichtige Potenzialität
für künftige Auslegungen.

Missverständnisse gibt es jedoch nicht nur wegen einer mehr oder weniger oberflächlichen oder
gar willkürlichen Behandlung der Texte. Deswegen darf man auch nicht alles den Rezeptionspro-

[14] Dafür braucht es einige wichtige Hilfsmittel. Der spa-
nische Theologe F. G. Hellín hat in den Studi sul Concilio
Vaticano II, Città del Vaticano, zu einer Reihe wichtiger
Dokumente des Zweiten Vatikanischen Konzils eine syn-
optische Darstellung der Textschemata mit den offiziellen
Berichterstattungen der Relatoren und den Reden sowie Anmerkungen der Konzilsväter herausgegeben, bes. zu DV, LG,
PO, GS, SC. Für die Textgeschichte und damit auch für viele
Deutungen ist dieses Instrument unentbehrlich. – Neben
dem früheren Kommentarwerk »Das Zweite Vatikanische
Konzil« in drei Bänden, ergänzend zum Lexikon für Theologie und Kirche (2. Aufl. 1966–1968), das wichtige Erläuterun-
gen von Mitgliedern und Beratern des Konzils enthält, also
wegen dieser Zeitzeugen unentbehrlich ist, verweise ich auf
das umfangreiche fünfbändige Werk Herders Theologischer
Kommentar zum Zweiten Vatikanischen Konzil, hrsg. von
P. Hünermann / B. J. Hilberath, Freiburg i. Br. 2004–2006.
Der erste Band enthält im Sinne einer Studienausgabe eine
neue Übersetzung, der letzte Band versucht eine theologische Zusammenschau.

zessen ankreiden. Man darf gewisse Spannungen in den Aussagen des Konzils selbst nicht übersehen. Ein Teil ist sachlich bedingt, z. B. zwischen der anerkannten Religionsfreiheit und dem eigenen Wahrheitsanspruch der Kirche, zwischen der Anerkennung eines ekklesialen Status der nichtkatholischen Kirchen sowie kirchlichen Gemeinschaften und der »Subsistenz« der Kirche Jesu Christi in der katholischen Kirche (vgl. LG 8).[15] Hier darf man nicht »einseitig« interpretieren – wie es leider gelegentlich auch in offiziellen postkonziliaren Texten erfolgte –, sondern muss eine sehr komplexe Realität zusammenhalten, die nicht zuletzt auch den Geheimnischarakter von Kirche mit ausmacht. Andere Texte verraten jedoch, dass das Ringen verschiedener Strömungen und Tendenzen auf dem Konzil noch nicht in einer höheren Synthese aufgehoben werden konnte. Dies gilt z. B. für das Nebeneinander von Aussagen des Vatikanum I und des Vatikanum II über den Pri-

---

15 Vgl. dazu nur M. J. Rainer (Hg.), »Dominus Iesus«. Anstößige Wahrheit oder anstößige Kirche?, Münster 2001.

mat des Papstes, aber auch über die Struktur und
das Subjekt der höchsten Vollmacht in der Kirche
im Zusammenspiel von Papst und Bischofskolle-
gium (vgl. LG, Kap. III). Ähnliche Spannungen
lassen sich auch in den Aussagen über das Pries-
terbild erkennen (vgl. LG 28, PO), in denen neben
der Bestimmung des Priestertums von einem umfassenden Verkündigungsauftrag her unverbun-
den auch andere Elemente wiederum einen Vor-
rang bekommen, z. B. eine sazerdotal-kultische
Umschreibung.[16] Manchmal kam das Konzil zu
Konsensus-Aussagen, die zweifellos einen großen Raum wahrer Gemeinsamkeit zum Ausdruck
bringen, die jedoch nicht darüber hinwegtäu-
schen dürfen, dass hier eher Abgrenzungen nach
verschiedenen Seiten aufgestellt worden sind und
nicht schon gültige Antworten gegeben werden
konnten.

---

16 Vgl. dazu die auch heute noch ausgezeichnete Arbeit
von P. J. Cordes, Sendung zum Dienst. Exegetisch-histori-
sche und systematische Studien zum Konzilsdekret »Vom
Dienst und Leben der Priester« = Frankfurter Theologische
Studien 9, Frankfurt a. M. 1972.

Dies kann so weit gehen, dass das Konzil noch keine Lösung für ein Problem unmittelbar formulieren kann, aber nach mehreren Seiten hin so etwas wie Leitplanken aufstellt, die nach außen hin abgrenzen, um besser den inneren Raum zu markieren, innerhalb dessen die Lösung erst noch gefunden werden muss. Ich glaube, dass dies neben den schon erwähnten Beispielen auch z. B. bei den wichtigen Ausführungen in der Dogmatischen Konstitution *Dei Verbum* zu den Fragen der Inspiration und der Irrtumslosigkeit der Heiligen Schrift gilt.

Im Übrigen kommt hier die Differenz von Lehramt und Theologie gut zur Anschauung.[17] Ein Konzil kann viele anstehende theologische Fragen

17 Vgl. dazu neben vielen anderen Studien B. Sesboüé SJ, Le magistère à l'épreuve. Autorité, vérité et liberté dans l'Église, Paris 2001. Im Blick auf die Geschichte der Konzilsidee und der Theologie des Konzils wären hier auch die Studien von H. J. Sieben zu nennen, z. B. Die katholische Konzilsidee im 19. und 20. Jahrhundert, Paderborn 1993. Dazu auch W. Thönissen, Dogma und Symbol. Eine ökumenische Hermeneutik, Freiburg i. Br. 2008; T. Lindfeld, Einheit in der Wahrheit. Konfessionelle Denkformen und die Suche nach ökumenischer Hermeneutik, Paderborn 2008.

nicht ausreichend lösen. Es ist hier auch abhängig von der Theologie der jeweiligen Zeit. Das Konzil von Trient konnte deshalb entscheidende Elemente z. B. einer Theologie des Bischofsamtes nicht realisieren. Dies kann Konzilien nicht angelastet werden, weil die theologische Einzelausarbeitung von Lösungen nicht ihre unmittelbare Aufgabe ist, besonders bei einer Funktionsdifferenzierung von Lehramt und Theologie, wie dies heute möglich und notwendig ist. Die Theologie sollte aber im Gefolge solcher unerledigt gebliebener Aufgaben diese auf ihre eigene Verantwortung hin mutig aufnehmen und weiterführen, wie es nach dem Zweiten Vatikanischen Konzil auch in weiten Teilen geschehen ist. Dabei muss die Theologie zum Teil über die konziliaren Texte hinausgehen. Ich erwähne als Beispiel die sehr wenigen Aussagen zur Pfarrei innerhalb der konziliaren Ekklesiologie und die intensiven Bemühungen in der nachkonziliaren Ära um eine Theologie der (Einzel-) Gemeinde.[18] Es ist dabei bezeichnend, dass man

[18] Vgl. zur Analyse der Texte H. Wieh, Konzil und Ge-

heute in der Diskussion eine manchmal überzogene Gemeindetheologie bereits wieder etwas zurückrufen muss zu einer angemessenen, breiteren ekklesiologischen Basis, die natürlich weiter ausgreifen muss im Sinne des dreifachen paulinischen Gebrauchs von »Ekklesia«, nämlich Gemeindeversammlung, Einzelgemeinde, Universalkirche.

Dies darf jedoch nicht heißen, dass Konzil sei nur rezeptiv im Blick auf die vorausgehenden theologischen Leistungen. In mancher Hinsicht gibt es auch Impulse, die nicht von der Gegenwartstheologie abgeleitet werden können, sondern sich anderen Anstößen verdanken. Dies gilt z. B. für die Aussagen zur Ökumene, zu den Heilsmöglichkeiten für Nichtchristen, zur Religionsfreiheit und zu manchen anderen Dingen.

Gerade weil das Konzil in der Art des lehramtlichen Sprechens einen neuen Stil wählte und sich

meinde. Eine systematisch-theologische Untersuchung zum Gemeindeverständnis des Zweiten Vatikanischen Konzils in pastoraler Absicht = Frankfurter Theologische Studien 25, Frankfurt a. M. 1978; mehr zusammenfassend und systematisch dazu K. Lehmann, Gemeinde, in: Christlicher Glaube in moderner Gesellschaft 29, Freiburg i. Br. 1982, 5–65.

nicht mit der Verurteilung abweichender Lehren begnügen wollte, muss diese vielschichtige, spannungsreichere und offenere Struktur der Aussagen stärker beachtet werden. Dies zeigt allerdings auch, wie schwierig in nicht wenigen Fällen ein bloßes Festschreiben, eine Kanonisierung oder manchmal auch ein Umsetzen der konziliaren Sprache z. B. in Rechtsterminologie bleiben, wenn die aufgezeigte Struktur nicht zur Geltung kommt. Wenn es richtig ist, das Konzil zwischen Überlieferung und Erneuerung, zwischen Tradition und Innovation zu verorten, dann muss auch sorgfältig darauf geachtet werden, wie das Vatikanum II im Licht der umfassenderen Glaubenstradition der Kirche verstanden werden muss. Eine solche Sicht bedeutet keine Einebnung des neuen Aufbruchs und neuer Perspektiven, auch nicht eines wachsenden Glaubensverständnisses und einer fortschreitenden theologischen Reflexion. Wohl aber verbietet ein solcher Grundsatz z. B. das Übergehen früherer Konzilsentscheidungen, die das Zweite Vatikanische Konzil nach seinem eigenen Verständnis ergänzen. Es besteht ja kein Zweifel, dass das Konzil mit Hilfe der Heiligen Schrift, der Theologie der Väter, verschiedener theologischer Schulen[19] und mit den Zeugnissen der Spiritualität manche enggeführte theologische Position aufbrechen konnte. Dabei darf der Rang der liturgischen Überlieferung nicht vergessen werden. Hier konnten oft nur neue, bisher sogar vernachlässigte Quellen Engpässe in der bisherigen Konzeption und im Verstehen aufsprengen. Dies war eindrucksvoll vorbereitet worden z. B. durch die liturgiegeschichtliche Forschung bis zum Konzil.[20]

Gerade die Überlieferung im Sinne des theologischen Traditionsprinzips hat nicht nur einen

---

[19] Als Beispiel für ihren Einfluss vgl. M. D. Chenu, Le Saulchoir. Eine Schule der Theologie = Collection Chenu 2, Berlin 2003; vgl. auch ders., Von der Freiheit eines Theologen = Collection Chenu 3, Mainz 2005. Ein eindrucksvolles Beispiel zeigen T. Eggensperger / U. Engel (Hg.), »Mutig in die Zukunft«. Dominikanische Beiträge zum Vaticanum II = Dominikanische Quellen und Zeugnisse 10, Leipzig 2007, bes. 7–36.

[20] Man denke hier nur an die Auswirkungen der Forschungsarbeiten von J. A. Jungmann zur Hl. Messe, B. Kleinheyer zur Priesterweihe, A. Stenzel zur Taufe, A. Knauber zur Krankensalbung. B. Poschmann / K. Rahner zu Beichte und Buße usw. Hier wären aber auch evangelische Untersuchungen zu nennen, z. B. G. Kretschmar zur Taufe.

43

allgemein und überall gültigen bewahrenden Charakter, sondern schränkt auch ein auf die wirklich verbindliche Überlieferung, die außerdem – gerade wenn sie in ihrer ganzen Breite aufgenommen wird – innovatorische Impulse enthält. Viele Elemente der konziliaren Erneuerung verdanken sich der Wiederentdeckung des biblischen, patristischen und spirituellen Erbes der Kirche sowie dem neuen Gewicht, das ursprüngliche liturgische Formen (wieder) bekamen. Wenn dies besser beachtet würde, dann würde man auch Anschauungen kritischer begegnen, die im Konzil einen totalen Neubeginn sehen, einen Bruch zwischen der »vorkonziliaren« und der »nachkonziliaren« Kirche erblicken wollen oder im Zweiten Vatikanischen Konzil eine Wiederentdeckung des ursprünglichen Evangeliums zu erkennen meinen, das vorher weitgehend verdunkelt oder gar verdeckt gewesen sei. Das Zweite Vatikanische Konzil steht zweifelsfrei in der Tradition aller bisherigen Konzilien. Dass auch neue Anstöße, z. B. aus der Ökumene,[21]

---

[21] Dieser Einfluss ist insgesamt noch wenig untersucht,

wirksam wurden, ist ebenso wenig zu bestrei-
ten wie die Einwirkung pastoraler Erfahrungen;
hinzu kommt missionarischer Anstoß aus der
Weltkirche bis in das Recht hinein.[22]

Interpretationen, die sich auf ausgewählte Textsplitter und einzelne Perspektiven beschränken
oder im Vatikanum II einen totalen Neubeginn
mit fortwährend sich überstürzender Dynamik
sehen, sind nicht selten der Gefahr erlegen, sich
auf den »Geist« des Konzils mit, ohne oder auch

vgl. vorläufig Y. Congar, Le Concile de Vatican II = Théolo-
gie Historique 71, Paris 1984, 91 ff. Vgl. dazu auch J. Ernesti /
W. Thönissen (Hg.), Die Entdeckung der Ökumene, Frank-
furt a. M. 2009; J. Ernesti, Kleine Geschichte der Ökumene,
Freiburg i. Br. 2007, 72 ff., 82 ff., 89–138; ders., Konfessions-
kunde kompakt, Freiburg i. Br. 2009; W. Thönissen (Hg.),
»Unitatis redintegratio«. 40 Jahre Ökumenismusdekret –
Erbe und Auftrag, Paderborn 2005. Man darf gespannt sein
auf die Studien von M. Hopf zur Tätigkeit von E. Schlink
als Beobachter der EKD während des Konzils in Rom: vgl.
M. Hopf, Ein Osservatore Romano. Der Konzilsbeobachter
Edmund Schlink im Spannungsfeld der Interessen = Veröffentlichungen des Instituts für Europäische Geschichte,
Mainz 2016 – vgl. dazu auch E. Schlink, Die Vision des Papstes, Kevelaer 2015.
22 Vgl. dazu bes. M. Pulte, Das Missionsrecht ein Vorrei-
ter des universalen Kirchenrechts = Studia Instituti Missio-
logici 87, Nettetal 2006.

gegen den Buchstaben zu berufen. Der »Buchstabe« und der »Geist« des Zweiten Vatikanischen Konzils gehören zusammen und lassen sich nicht voneinander trennen. Die Härte und Bestimmtheit der einzelnen Aussagen gehört in den weiten und offenen Horizont des Ganzen, wie umgekehrt sich der Geist des Ganzen im Detail bewährt und konkretisiert.

Viele Missverständnisse und Irrwege in der Rezeptionsgeschichte des Konzils entspringen auch einem verhängnisvollen Dualismus zwischen einer ausschließlich »pastoralen« Sicht der Wirklichkeit und dogmatischen Aussagen. Nun gibt es gewiss eine legitime Differenz zwischen Theorie und Praxis, in ihrer Konsequenz auch zwischen pastoraler Perspektive und dogmatischen Prinzipien. Das auf die Menschen in der heutigen konkreten, individuellen und gesellschaftlichen Situation bezogene theologische Sprechen kann man gewiss »pastoral« nennen.[23] Es steht so in keinem

---

[23] Ohne auf dieses ganze Problem einzugehen vgl. dazu schon Y. Congar, Der Fall Lefebvre. Schisma in der Kirche? Mit einer Einführung von K. Lehmann, Freiburg i. Br. 1977;

wirklichen Gegensatz zu einem verantwortlichen dogmatischen Denken. Im Gegenteil, »pastoral« meint das Geltendmachen der bleibenden Aktualität des Dogmas. Gerade weil das Dogma wahr ist, muss und kann es immer wieder neu lebendig zur Wirksamkeit gebracht werden, muss man es pastoral auslegen. Es strebt von selbst in seiner Geltung in die lebendige Gegenwart.[24]

Zweifellos gibt es im konziliaren Geschehen auch das Wehen des Gottesgeistes. Dieser kann gewiss nicht gegenständlich ausgemacht werden. Er ist und bleibt unverfügbar. Aber zweifellos bezeugt er im konziliaren Geschehen auch seine innova-

P. Hünermann (Hg.), Exkommunikation oder Kommunikation? Der Weg der Kirche nach dem II. Vatikanum und die Pius-Brüder = Quaestiones disputatae 236, Freiburg i. Br. 2009; Sonderheft »Kirche wohin?« Irritationen und Perspektiven, Münchener Theologische Zeitschrift 60 (2009), Heft 3.
24 Vgl. dazu K. Lehmann, Karl Rahner und die Praktische Theologie, in: Zeitschrift für Katholische Theologie 126 (2004), 3–15, Gedenkheft für Karl Rahner zum 100. Geburtstag; vgl. schon ders., Das Theorie-Praxis-Problem und die Begründung der Praktischen Theologie, in: F. Klostermann / R. Zerfass (Hg.), Praktische Theologie heute, München 1974, 81–102.

torische Kraft.[25] Gewiss kann nicht jede »Neue-
rung« unmittelbar auf ein pneumatisches Wirken
zurückgeführt werden. Aber manche Durchbrü-
che haben doch wohl etwas mit dieser erneuern-
den Dynamik des Gottesgeistes zu tun. Es ist z. B.
heute noch überraschend, in welcher Weise die
Aussagen über die Wirksamkeit des Heilswillens
Gottes, besonders den Nichtchristen und auch den
Nichtglaubenden gegenüber, als beinahe selbstverständlich vom Konzil angenommen worden sind,

---

[25] Vgl. dazu K. Lehmann, Tradition und Innovation aus
der Sicht des systematischen Theologen, in: Tradition und
Innovation. Denkanstöße für Kirche und Theologie, Paderborn 2003 = Paderborner Theologische Studien Bd. 33,
119–132; ders., Zwischen Überlieferung und Erneuerung.
Hermeneutische Überlieferungen zur Struktur der verschiedenen Rezeptionsprozesse des Zweiten Vatikanischen
Konzils, in: A. Autiero (Hg.), Herausforderung Aggiornamento. Zur Rezeption des Zweiten Vatikanischen Konzils
= Münsteraner Theologische Abhandlungen 62, Altenberge
2000, 95–110; ders., Hermeneutik für einen künftigen Umgang mit dem Konzil, in: A. E. Hierold (Hg.), Zweites Vatikanisches Konzil – Ende oder Anfang?, Münster 2004, 57–74.
Wichtige Studien zum Thema finden sich besonders auch
in: M. Knapp / Th. Söding (Hg.), Glaube in Gemeinschaft.
Autorität und Rezeption in der Kirche. Festschrift für H. J.
Pottmeyer, Freiburg i. Br. 2014, 357 ff., 372 ff.

obgleich dies theologisch nur bedingt vorbereitet war.[26] Hier spielte die Deutung der Lebenswirklichkeit und der täglichen Erfahrungen, vor allem auch der Bischöfe aus Mittel- und Osteuropa, eine wichtige Rolle. Dabei hat jedoch niemand den Atheismus und gerade den militanten Atheismus verharmlost.[27]

[26] Dazu K. Lehmann, Die Heilsmöglichkeiten für die Nichtchristen und für die Nichtglaubenden nach den Aussagen des Zweiten Vatikanischen Konzils, in: D. Sattler / V. Leppin (Hg.), Heil für alle ? = Dialog der Kirchen 15, Freiburg i. Br. 2012, 124–152 (Lit.).

[27] Zur Analyse der Texte vgl. K. Lehmann, Pastoraltheologische Maximen christlicher Verkündigung an den Ungläubigen von heute, in: Concilium (dt.) 3 (1967) 208–217 (vgl. die Übersetzungen in den anderen Ausgaben); ders., Kirche und Atheismus heute, in: Katechetische Blätter 92 (1967) 148–159; zum theologischen Hintergrund vgl. A. R. Batlogg u.a. (Hg.), Der Denkweg Karl Rahners. Quellen – Entwicklungen – Perspektiven, Mainz 2003, 106–143, 161–196; K. Lehmann, La possibilità di salvezza per i non cristiani e per gli atei negli insegnamenti del concilio Vaticano II, in: A. Melloni (Hg.), Tutto è grazia. In omaggio a Giuseppe Ruggieri, Milano 2010, 217–235 (Lit.).

IV. Beispiel für eine Konkretisierung:
Kirche und Welt in Gaudium et spes

Die Geschichte der Rezeption ist zugleich die Geschichte der Verweigerung von Rezeption oder einfach einer nicht stattgefundenen Rezeption. Wir brachten schon Beispiele. Dabei gibt es nicht nur eine Distanzierung von weniger geglückten Aussagen, z. B. vom Dekret *Inter mirifica* über die sozialen Kommunikationsmittel, das bald – nicht ohne Paul VI.[28] – durch die Verlautbarung *Communio et progressio* (1971) abgelöst und faktisch ersetzt wurde. Es gibt aber auch Texte, die eine hohe Qualität haben und bis heute in manchen Partien weniger rezipiert worden sind, z. B. die Offenbarungskonstitution *Dei Verbum*.[29]

---

[28] Vgl. dazu ausführlich, J. R. Ernesti, Paul VI., Neuausgabe (3. Aufl.), Freiburg i. Br. 2015.

[29] Vgl. B. Calati u. a., Un documento dimenticato, la »Dei Verbum«, Reggio Emilia 1984; Concilii Vaticani II Synopsis, »Dei Verbum«, hrsg. von F. G. Hellín, Città del Vaticano 1993. Vgl. auch meine Studie zu »Dei Verbum« Art. 10, in: Communio 34 (2005), Heft 6 (Themenheft: 40 Jahre danach – Zum II. Vaticanum), 559–571.

Auch die Kirchenkonstitution *Lumen gentium* ist streckenweise nur sehr selektiv rezipiert worden. Bei den wichtigen Kapiteln V bis VIII muss fast Fehlanzeige erstattet werden.[30]

Darum ist es notwendig, nicht nur einzelne Rezeptionsmodelle, die es in hoher Trennschärfe wohl auch gar nicht so leicht zu unterscheiden gibt, zu behandeln, sondern man muss alle oder wenigstens die wichtigsten Texte auf ihre jeweilige Wirkungsgeschichte hin verfolgen, wobei die regionalen Unterschiede und Akzentuierungen nicht zu vergessen sind. So wäre etwa die Rezeption in Lateinamerika durch die Dokumente von Medellín 1968 eine eigene Aufgabe. Dies kann hier selbstverständlich nicht einmal im Ansatz erfolgen.[31]

---

30 Besonders wichtig ist das Werk von A. Acerbi, Due ecclesiologie. Ecclesiologia giuridica ed ecclesiologia di communione nella »Lumen Gentium«, Bologna 1975; im deutschen Sprachraum hat sich vor allem H. J. Pottmeyer mit dieser Thematik befasst, vgl. z.B. Handbuch der Fundamentaltheologie, hrsg. von W. Kern / H. J. Pottmeyer / M. Seckler, IV, Freiburg i. Br. 1988, 124–152, bes. 136 ff.

31 Vgl. La réception de Vatican II, hrsg. von G. Alberigo / J. P. Jossua, Paris 1985. Vgl. auch Vaticano II. Bilancio e prospettive 1962/1987, a cura di R. Latourelle, 2 Bände, Assisi 1987.

Stattdessen soll hier wenigstens noch ein Blick auf eine besondere Verlautbarung des Konzils geworfen werden. Dies ist die Pastoralkonstitution *Gaudium et spes*, die schon als »literarisches Genus« konzilsgeschichtlich ein Novum darstellt, was gewiss auch mit der eingangs erörterten Aufgabe des Konzils zu tun hat. Sie bringt die konziliare Öffnung der Kirche zur Welt von heute unübersehbar deutlich zum Ausdruck.[32]

Mit diesem Text wurde eine grundlegende Aussage gesucht, die das Thema der Begegnung von

---

[32] Vgl. die Studie von K. Rahner, Zur theologischen Problematik einer »Pastoralkonstitution«, in: Schriften zur Theologie VIII, Einsiedeln 1967, 613–636; K. Lehmann, »Zwischen Hoffnung und Angst hin und her getrieben«. Die nachkonziliare Aufnahme der Pastoralkonstitution über die Kirche in der Welt von heute (Zusammenfassung), in: Berichte und Dokumente 101, hrsg. vom Generalsekretariat des Zentralkomitees der deutschen Katholiken, Bonn 1996, 9–12; ders., Christliche Weltverantwortung zwischen Getto und Anpassung. Vierzig Jahre Pastoralkonstitution »Gaudium et spes«, in: Theologisch-Praktische Quartalschrift, 153 (2005), 297–310. Vgl. auch K. Lehmann, Glauben bezeugen, Gesellschaft gestalten, Freiburg i. Br. 1993, 328–342; vgl. dazu auch K. Lehmann, Die »Zeichen der Zeit« im Lichte des Evangeliums erkennen und beurteilen, in: A. U. Müller (Hg.), Aggiornamento in Münster. Wie das Konzil auf Kanzeln und Katheder kam, Münster 2014, 35–48.

Christentum und moderner Welt auf dem Boden des katholischen Glaubensverständnisses behandelt. Dabei zeigten sich viele Schwierigkeiten: belastete Geschichte in der Neuzeit, Kirche und Welt, Suche nach einer angemessenen Sprache und nach adäquaten Modellen, Ermüdungserscheinungen vor allem der Berater-Theologen in der häufigen Überarbeitung eines großen Dokumentes. Schließlich zeigten sich schon unter den Theologen und Bischöfen neue, bisher weniger in Erscheinung getretene Frontstellungen. Die Phalanx der »Progressiven« brach langsam auseinander.[33] Dennoch kam nach langen Bemühungen *(Schema XIII, Schema XVII)* ein überraschend guter und differenzierter Gesamttext zustande, für den es allein in der letzten Phase 20.000 Abänderungsanträge gab. Am letzten Arbeitstag des Konzils (7. Dezember 1965) stimmten 2.309 Konzilsteilnehmer mit Ja gegen 75 Nein bei sieben ungültigen

[33] Einige Ausführungen dazu findet man bei F. X. Bischof (Hg.), Das Zweite Vatikanische Konzil. Dazu auch S. Madrigal, Karl Rahner y Joseph Ratzinger. Tras las huellas del Concilio, Santander 2006.

Stimmen. Am selben Tag erfolgte die Promulgation durch Papst Paul VI.

Eine dualistische Frontstellung von Kirche und Welt wird weitgehend überwunden. Die irdischen Dinge erscheinen in ihrer »sachgerechten Eigengesetzlichkeit«. An wichtigen Themen wird dies exemplarisch durchgeführt: Ehe und Familie, Krieg und Frieden, Kultur und Wissenschaft, Glaube und technischer Fortschritt, Menschenwürde und Menschenrechte. Manche Passagen sind bis heute wenig beachtet, andere durch viele Dokumente fortgeschrieben, z.B. durch die Verlautbarungen zum Frieden. Auch methodisch hat die Pastoralkonstitution viele Aufgaben, die nur bedingt wahrgenommen wurden, gestellt: Kriteriologie für die »Zeichen der Zeit«, Rolle von Erfahrung und Empirie, induktive Methode, Frage der Denkformen, Problematik einer »Pastoralkonstitution« usw. Im Blick auf viele Probleme, z.B. das Verhältnis von Heil und Wohl,[34] technischem

---

[34] Vgl. K. Lehmann u.a., Theologie der Befreiung, Einsiedeln 1977, 7–44.

Fortschritt und Glauben ist *Gaudium et spes* viel differenzierter, als viele Kritiker meinen. Oft argumentiert man von früheren Textstufen her, ohne die späteren Veränderungen zu verfolgen. Manche Konzilstheologen und Bischöfe haben offenbar im Endstadium des Konzils die Veränderungen der letzten Redaktion nicht mehr so nachhaltig wahrgenommen. Der verabschiedete Text trägt der Vielschichtigkeit der Welterfahrung durchaus Rechnung, auch im Blick auf die Macht der Sünde in der Welt. Vielleicht gibt es da und dort noch einzelne Spuren eines zeitbedingten Fortschrittsoptimismus, der damals noch lebendig war. Aber das Wissen um die Schattenseite des Fortschritts und die bleibende Zweideutigkeit vieler Entwicklungen ist durchaus präsent. In manchem mag die Vermittlung von Christentum und Moderne etwas voreilig erscheinen. Auch ökumenische Beobachter warnten vor einer solchen Sicht. *Gaudium et spes* stellt in manchem gewiss noch keine hinreichende Lösung dar, die in diesem Bereich ohnehin immer wieder weiterbedacht werden muss. Man kann heute die Texte von 1965 gewiss nicht mehr naiv lesen, sondern muss sie durch die Nach- und Wirkungsgeschichte hindurch in ihrer komplexen ursprünglichen Intention und Struktur für heute zu verstehen suchen.[35]

So muss man auch den Rezeptionsprozess von *Gaudium et spes* kritisch verfolgen. Es gibt eine gewisse »progressive« Interpretationslinie, die in der Gefahr steht, *Gaudium et spes* von den anderen Konzilsdokumenten, die sich um eine Neuinterpretation der Identität des christlichen Glaubens mühen, abzukoppeln und im Dialog sowie der Solidarität mit der Welt den Unterschied (nicht die Trennung!) zwischen säkularer Welt und Glaube/Kirche zu vernachlässigen. Es gibt aber auch den »traditionalistischen« Vorwurf, *Gaudium et spes* sei hauptverantwortlich für die tiefgreifende Erschütterung in der Kirche der Folgezeit; durch sie sei der »Geist der Welt« in die Kirche eingezogen und habe zu verhängnisvollen Anpassungen und

---

[35] Vgl. dazu auch A. Losinger, »Iusta autonomia«. Studien zu einem Schlüsselbegriff des II. Vatikanischen Konzils = Abhandlungen zur Sozialethik 28, Paderborn 1989.

schließlich zu einem konformistischen Substanz-
verlust des Glaubens geführt.

V. Vom Hintergrund der Krise
in der Weltzuwendung

Viel wichtiger ist jedoch die Frage, warum es
trotz *Gaudium et spes* zu einer Krise der Öffnung zur Welt hin gekommen ist. Vieles war im
Lauf der Neuzeit in der Kirche angestaut. Hans
Urs von Balthasar sprach schon 1950 von der notwendigen *Schleifung der Bastionen.*[36] Man war im
verantwortungsvollen Dialog und einer wirklich
hilfreichen, jedoch kritischen Solidarität mit der
Moderne wenig eingeübt. Aus der notwendigen
Öffnung wurde nicht selten eine ungewollte Anpassung. Mancher hat sich naiv der Welt zuge-
wandt, ohne die umklammernde Kraft ihrer Fang-
arme in Rechnung zu stellen. Aber dies darf nicht
der Pastoralkonstitution selbst angelastet werden.

[36] Einsiedeln 1950 u. ö.

Es fehlte in vieler Hinsicht gerade bei der Vermittlung dieses Dokumentes eine differenzierte Auseinandersetzung mit den intellektuellen und spirituellen Grundfragen. Überhaupt scheint mir die Frage begleitender Bildungsmaßnahmen bei der Einführung der Konzilstexte und ihrer Rezeption bisher zu sehr übersehen zu werden – und dies bis heute. Die 50. Wiederkehr der Konzilsereignisse gab uns Gelegenheit zur »Relecture« auch auf dieser Ebene.

Obgleich sich viele Herausforderungen schon vor dem Konzil ankündigten, wie wir eingangs kurz bemerkten, kam es besonders im Jahr 1968 (Stichworte: Biafra, Vietnam, Ende des Prager Frühlings, Studentenunruhen, *Humanae vitae, Königsteiner Erklärung,* Holländisches Pastoralkonzil, Essener Katholikentag) und in den Folgejahren zu einem Wechsel der geistigen Großwetterlage. Die Ideologiekritik im Blick auf das Gottesverständnis überhaupt, den Rang von Tradition und auch die Institution brach mächtig durch. Die »Welt« war plötzlich sehr anders geworden. Man empfand sie vor allem als ein Ensemble zu verändernder Verhältnisse. Es wurde ein starker kultureller Umbruch erkennbar. Die religionssoziologischen Untersuchungen bestätigen für die Zeiträume 1968 bis 1971 und wiederum um 1974 kräftige Schübe einer wachsenden Säkularisierung.[37] In dieser Zeit ist die Kirche nach dem Kon-

---

37 Sie sind besonders erkennbar in den damals weltweit größten religionssoziologischen Untersuchungen im Zusammenhang der Gemeinsamen Synode der Bistümer in der Bundesrepublik Deutschland, die weitgehend vom Institut für Demoskopie in Allensbach durchgeführt worden sind, vgl. K. Lehmann, Konflikte und Chancen in Glaubensverständnis und Verkündigung. Ein erster systematisch-theologischer Auswertungsversuch der empirischen Ergebnisse, in: K. Forster (Hg.), Befragte Katholiken. Zur Zukunft von Glaube und Kirche. Auswertungen und Kommentare zu den Umfragen für die Gemeinsame Synode der Bistümer in der Bundesrepublik Deutschland, Freiburg i. Br. 1973, 43–63; ders., Bleibendes und Wandelbares im priesterlichen Amt. Das Verhältnis der neueren Entwürfe einer Theologie des kirchlichen Amtes zum empirischen Selbstverständnis des Priesters, in: K. Forster (Hg.), Priester zwischen Anpassung und Unterscheidung. Auswertungen und Kommentare zu den im Auftrag der Deutschen Bischofskonferenz durchgeführten Umfragen unter allen Welt- und Ordenspriestern in der Bundesrepublik Deutschland, Freiburg i. Br. 1974, 11–25; ders., Außerkirchliche Religiosität und Identifikation mit der Kirche, in: K. Forster (Hg.), Religiös ohne Kirche? Eine Herausforderung für Glaube und Kirche, Mainz 1977, 34–50.

zil jedoch sehr stark binnenorientiert und – wenigstens in Mitteleuropa – zu sehr mit sich selbst beschäftigt, d. h. vor allem mit der Liturgiereform und dem Auf- und Ausbau der Räte. Die Theologie entwickelt verschiedene Entwürfe des Weltverständnisses, die sich jeweils als Fortbildung von *Gaudium et spes* verstehen. »Welt« wird nun zunehmend nicht nur als Geschichte begriffen. Die ökologische Thematik verändert zudem sehr stark ein Weltverständnis, das nur von der Veränderung her konzipiert ist, und regt neu die Beschäftigung mit »Welt« als Schöpfung an. Die Enzyklika *Laudato si* von Papst Franziskus vom 24. Mai 2015 zeigt auch offiziell diesen Wandel an.

Man muss heute den Text von *Gaudium et spes* im Licht der Rezeptionsgeschichte lesen. Es ist unvermeidlich, dass man einerseits in einem erneuten Anlauf die Intention von *Gaudium et spes* und den Text selbst unter den gegenwärtigen Bedingungen interpretiert, und dass man andererseits zugleich im Sinne eines Korrektivs jene Dimensionen besser zur Geltung bringt, die bisher zu kurz kamen. Deswegen lohnt es sich, vielen Aussagekomplexen nachzugehen, die vielschichtig, spannungsvoll und manchmal auch widersprüchlich sind und quer zum zeitgenössischen Bewusstsein liegen. Die »widerborstigen« Gesichtspunkte müssen zur Geltung gebracht werden. Darum kann man im Rezeptionsprozess auch die vorläufige und unabgeschlossene Form des Dokumentes noch besser akzeptieren als früher. Vielleicht ist manchmal das »Ethos« des Textes wichtiger als seine Lösungen. So fordert *Gaudium et spes* selbst ein beständiges Weiterbedenken der Sache. Es gibt jedoch auch einige Gesichtspunkte mehr inhaltlicher Natur, die der Beachtung bedürfen: Es gibt keine theologisch neutrale Welt; der stetige Entscheidungscharakter von Welt und Geschichte lässt sich nicht übersehen; ethische Verantwortung und biblischer Gerichtsgedanke dürfen hier nicht fehlen. Die Ambivalenz der Moderne muss tiefer erkannt, ernster angenommen und gründlicher ausgetragen werden. Das Kreuz Jesu Christi muss im Weltverständnis eine viel größere Bedeutung erhalten: Ausgeliefertsein an eine unausweichliche Realität, Leiden, Vergeblichkeit, Mühsal, Scheitern. Die einzige wirkliche Weltveränderung geschieht in der Passion der Liebe, in der »Zivilisation der Liebe«, wie Papst Johannes Paul II. immer wieder formulierte.

Kirche und Welt lassen sich nicht fein säuberlich voneinander unterscheiden. Der Geist Gottes weht auch außerhalb der Kirche – in der Welt. Und die Kirche selbst ist bis zum Ende der Tage immer auch ein Stück Welt. Die Welt bleibt für den Christen unaufhebbar dialektisch beides, nämlich Ort der Sendung und des Kampfes, der Hoffnung und des Todes, der Liebe und der Verwundung. Sie ist stets Heimat und Fremde zugleich. Deshalb gibt es kein Ja des Glaubens zur Welt, das in dieser aufgehen könnte. Wer die Welt nicht absolutsetzt und sie nicht vergötzt, kann sie tiefer bejahen, ja sogar besser lieben.[38]

»Dialog« und »Solidarität« bilden in *Gaudium et spes* miteinander eine zentrale Achse, eine durch-

---

38 Vgl. dazu auch K. Lehmann, Kirche der Sünder, Kirche der Heiligen, in: H. Kuhlmann (Hg.), Fehlbare Vorbilder in Bibel, Christentum und Kirchen, Berlin 2010, 161–169 [Wiederabdruck von: Kirche der Sünder, Kirche der Heiligen, in: FAZ Nr. 77 (2010) vom 1. 4. 2010, 6].

laufende Perspektive. Wenn auch beide Grund-
worte in der Gefahr bleiben, dass sie zu Schlag-
worten verkommen, so müssen sie immer wieder
neu bedacht und tiefer verankert werden. Die Rezeptionsgeschichte lehrt uns, dass beide Perspektiven nicht ersetzt werden können. *Gaudium et spes*
hat aber auch die Sprache des Lehramtes verändert,
jedenfalls, wenn es um kirchliche Stellungnahmen
zu aktuellen Problemen geht. In diesem Sinne ist
Gaudium et spes vielleicht in der Tat doch das am
meisten gelungene Dokument des Zweiten Vatikanischen Konzils.[39]

Diese kurze Überlegung zeigt, dass die Rezeptionsgeschichte keine Einbahnstraße ist. Sie ist
auch nicht nur Nachgeschichte oder Wirkungsgeschichte nach vorn, sondern sie erhellt immer wieder den Grundtext selbst und spielt die Rezeption
zwischen dem gelegten Grund und seiner Nach-
wirkung durch. So rückt der Text immer wieder
neu in den Kontext des kirchlichen Lebens.

---

[39] Vgl. O. H. Pesch, Das Zweite Vatikanische Konzil,
3. Aufl. der überarb. Taschenbuchausgabe, Kevelaer 2011,
311 ff., bes. 348 f.

VI. Stadien der Rezeption

Man kann sich fragen, ob es in dem nun über 50 Jahre währenden Rezeptionsprozess verschiedene Phasen gibt. Dies ist nicht so leicht zu beantworten, weil die einzelnen Problemfelder und die regionalen Akzente recht verschieden sind. Es ist im Übrigen auch nicht leicht, zwischen Erwartungen aufgrund konziliarer Aussagen oder auch nur zwischen Erwartungen im »Geist« des Konzils *und* ihrer Einlösung oder Verweigerung zu unterscheiden. Dadurch wird aber das Rezeptionsklima sehr bestimmt.

Es gibt meines Erachtens zwei wichtige amtliche Dokumente zur offiziellen Beurteilung der Rezeptionsgeschichte des Konzils, die jedoch zu sehr in Vergessenheit geraten sind. Ich kann sie im Rahmen dieses Beitrags auch nur nennen. Dies sind zunächst die Beratungen der Außerordentlichen Bischofssynode 1985, also 20 Jahre nach dem Abschluss des Konzils. Das Schlussdokument aus dem Jahr 1986 mit der *Botschaft an die Christen in der Welt*[40] ist heute noch beachtlich. Schließlich hat Papst Benedikt XVI. ein gutes halbes Jahr nach seiner Wahl, als viel über das »Schicksal« des Konzils diskutiert wurde, in einer Ansprache an das Kardinalskollegium und die Mitglieder der Römischen Kurie beim Weihnachtsempfang am 22. Dezember 2005 – also 20 Jahre nach der soeben genannten Bischofssynode – eine nach wie vor hilfreiche Wegweisung gegeben.[41] An der grundlegenden Treue dieses Papstes zum Konzil kann kein Zweifel bestehen, was sich vor allem auch in der Auseinandersetzung mit den Pius-Brüdern zeigt.

Unter diesen Voraussetzungen möchte ich die Möglichkeit einer durch *vier Phasen* gekennzeichneten Gesamtrezeption erwägen.

1. Eine *erste Periode* lässt sich als *Phase des Aufbruchs und des Überschwangs* zugleich kenn-

40 Vgl. Verlautbarungen des Apostolischen Stuhls 68 (Bonn 1986); dazu W. Kasper, Die bleibende Bedeutung des II. Vatikanischen Konzils, in: ders., Kirche – wohin gehst du?, 3. Aufl., Paderborn 1994.

41 Verlautbarungen des Apostolischen Stuhls 172 (Bonn 2006).

zeichnen (ab 1965 und schon früher). Neben der festen Zuversicht, mit Hilfe der Konzilsbeschlüsse ein neues Kapitel der Kirchengeschichte eröffnen zu können, zeigte sich eine etwas enthusiastische Einschätzung des Konzils: absoluter Neubeginn, Initialzündung einer weiteren Dynamik, die die Konzilstexte bald als eigentlich schon überholt vorkommen ließ. Hier war die vage Berufung auf den »Geist« des Konzils besonders wirksam und hat einen ernsthaften Rezeptionsprozess eher gefährdet. Auf der anderen Seite muss man sehen, dass in dieser ersten Epoche gerade von den führenden Konzilstheologen sehr viel für eine sachgerechte Kommentierung der Texte geschehen ist, die heute noch in vielen Teilen Bestand hat.

2. Diese Periode wurde zwangsläufig bald abgelöst durch eine *zweite Phase enttäuschter Hoffnung* (ab 1972/73). Das Erwartete wurde nicht im ersehnten und gewünschten Maß erreicht. Den Erneuerungsbemühungen stellten sich Hindernisse in den Weg. Heftige Auseinandersetzun-

gen über Richtung und Gangart der nachkonziliaren Erneuerung stellten sich ein. Karl Rahners Stichwort *Marsch ins Ghetto?*[42] gehört in
diese Zeit. Die Polarisierung unterschiedlicher
Einschätzungen verfestigte sich: Die progressiven Reformer klagen über die Beharrungskraft
der Institution Kirche, die Konservativen sprechen von Auflösungserscheinungen. Kontesta-
tion und Protest stehen gegen Restauration und
Traditionalismus.

3. In der Zwischenzeit hatte schon längst *eine
dritte Phase* begonnen (ab 1985): Man erkennt
die relative Unfruchtbarkeit der bisherigen
Auseinandersetzungen. Es gibt Hinweise für
eine Neuorientierung und Neubesinnung. Hier
hat – wie schon erwähnt – die Außerordentli-

---

[42] Wir brachten zusammen einen gleichnamigen Diskus-
sionsband heraus: K. Lehmann / K. Rahner (Hg.), Marsch
ins Ghetto. Der Weg der Katholiken in der Bundesrepublik,
München 1973, darin mein Beitrag mit Thesen: 107–116. Man
wird leicht erkennen, dass ich in dieser Äußerung bei aller
bleibenden Gemeinsamkeit mit Karl Rahner begonnen habe,
in der nachkonziliaren Zeit einen eigenen Weg einzuschlagen.

che Bischofssynode des Jahres 1985 eine positive Bedeutung bekommen. Das Bild ist jedoch uneinheitlich. Die wichtigsten Teilnehmer des Konzils sind auf der Seite der Bischöfe und Theologen zum größten Teil nicht mehr am Leben. Restriktive Maßnahmen, die zum Teil auch auf Missbräuche zurückgehen, lähmen. Das Problem der Gestaltung und Vermittlung von Freiheit und Bindung ist weithin ungelöst. Viele haben das Empfinden, dass ein Neuaufbruch Not tut. Nicht wenige rufen darum nach einem Vatikanum III. Darüber soll hier nicht gehandelt werden. Der Ruf danach kann auch die jetzigen Aufgaben und jetzt schon zu ergreifenden, realen Möglichkeiten verdecken.[43] Aber das Feuer des Zweiten Vatikanischen Konzils ist nicht erloschen.

4. Vielleicht stehen wir *in einer vierten Phase,* deren Beginn mit dem 50-jährigen Konzilsgeden-

---

[43] Vgl. dazu K. Lehmann, Es ist Zeit, an Gott zu denken, 7. Aufl., Freiburg 2001, 180ff.

ken und vor allem mit dem Beginn des Pontifikates von Papst Franziskus angesetzt werden könnte (ab 2012/13). Wir stehen noch in dieser Phase und können sie im Blick auf den Ertrag besonders auch für die nahe Zukunft noch nicht ausreichend beurteilen. Hier wird es nicht zuletzt auf die Früchte der Bischofssynoden 2014/15 und auf das »Jahr der Barmherzigkeit« (2015/16) ankommen. In unserem Land spielen der fünfjährige Dialogprozess (2011–2015) und die Gestaltung des Reformationsgedenkens 2017 eine gewichtige Rolle. Die Flüchtlingsdramatik unserer Tage wird dabei jede Eurozentrik sprengen und durch neue Maßstäbe eine neue globale Epoche einläuten, die auch Konsequenzen hat für die Weltkirche.[44]

Es gibt noch manche Gesichtspunkte, die man für eine künftige Rezeption und die dafür notwendige

---

[44] Vgl. dazu Ansätze bei F. X. Bischof u.a., Einführung in die Geschichte des Christentums, Freiburg i. Br. 2012.

Hermeneutik[45] anführen könnte.[46] Aber dies soll einstweilen und vorerst genügen. Wir bleiben ja im Prozess Konzil.

VII. Blick in die Zukunft

Ich möchte noch einen Blick in die Zukunft tun. Es geht ja um den künftigen Umgang mit dem Zweiten Vatikanischen Konzil, seinen Beschlüssen und seinen Texten, aber auch mit seinem Geist. Was hat sich in den fünf Jahrzehnten am meisten geändert und wie soll dies im Umgang

[45] Vgl. dazu auch K. Lehmann, Hermeneutik, in: Sacramentum mundi II, Freiburg i. Br. 1968, 676, 684; außer der schon genannten Literatur vgl. auch F. Prammer, Die philosophische Hermeneutik Paul Ricœurs = Innsbrucker theologische Studien 22, Innsbruck 1988.

[46] Vgl. dazu A. Marchetto, Das Zweite Vatikanische Konzil. Hermeneutische Tendenzen von 1990 bis heute, in: Annuarium Historiae Conciliorum 32 (2000) 371–386; ders., Il Concilio Ecumenico Vaticano II. Contrappunto per la sua storia, Vaticano 2005; G. Alberigo, Treue und Kreativität bei der Rezeption des Zweiten Vatikanischen Konzils. Hermeneutische Kriterien. Ehrenpromotion durch die Kath.-Theol. Fakultät der Universität Münster, Münster o. J. (2000), 4–33.

mit dem Konzil und seiner Wirkungsgeschichte
berücksichtigt werden? Dies lässt sich hier gewiss
nur sehr allgemein darstellen. Ich darf dabei auf
mein umfangreiches Referat bei der Eröffnung der
Herbst-Vollversammlung der Deutschen Bischofskonferenz 2005 verweisen.[47] Ich will wenigstens
andeuten, worum es dabei geht: Die konziliare
Hervorhebung der »Zeichen der Zeit« verlangt
eine fortführende Interpretation, die sich auf das
Verfahren der Diagnose (Kairologie), aber auch
auf die Inhalte bezieht. Der Text versucht in einem
ersten Teil »Analyse« (1–14) durch die Interpretation einiger »Zeichen der Zeit« neue Perspektiven
ausfindig zu machen. Dabei geht es ausführlicher
um die Entwicklung der Interpretationskategorie
»Säkularisierung« und ihre Eignung zur Beschrei-
bung der gesellschaftlichen Situation, besonders
im Blick auf Religion und Kirche. Danach werden

---

[47] Vgl. Neue Zeichen der Zeit. Unterscheidungskriterien
zur Diagnose der Situation der Kirche in der Gesellschaft
und zum kirchlichen Handeln heute = Der Vorsitzende
der Deutschen Bischofskonferenz 26 (Bonn 2005); auch in:
K. Lehmann, Zuversicht aus dem Glauben, Freiburg i. Br.
2006, 504–537.

Entwicklungen unter dem Stichwort »flexibler Mensch« (Richard Sennett)[48] zusammengefasst und analysiert, die auch die Konzeption der Arbeitswelt betreffen. Zugleich ist es notwendig, sich dem Verlust der Subjektstellung des Menschen und seiner Personwürde entgegenzustellen. Ein letztes Paradigma ist das Merkmal der »Ambivalenz« unserer Gesellschaft.[49]

Wenn man diese Zusammenhänge genauer analysiert, um den »neuen Zeichen der Zeit« begegnen zu können, kann man folgende Gesichtspunkte nennen:

1. Bald nach dem Konzil wurde deutlich, dass inzwischen jede positive Rede von Gott in eine grundlegende Krise kam. Das Konzil konnte noch relativ beruhigt von Gott reden und das

---

48 Vgl. dazu D. Skala, Urbanität und Humanität, Paderborn 2015; vgl. auch R. Sennett, Der flexible Mensch. Die Kultur des neuen Kapitalismus, Berlin 1998.

49 Vgl. dazu K. Lehmann, Ambivalenz als Signatur der Moderne und als Herausforderung der Kirche, in: ders., Auslotungen. Lebensgestaltung aus dem Glauben heute, Freiburg i. Br. 2016, 105–128.

Bekenntnis an ihn voraussetzen. Inzwischen
sind alle Selbstverständlichkeiten, wenn sie es
je waren, in diesem Bereich Vergangenheit. Eine
schleichende Säkularisierung, die sich steigert,
aber keineswegs unumkehrbar sein muss, hat
auch radikal und tief das religiöse Bewusstsein
erfasst. Ich habe an anderer Stelle aufzuzei-
gen versucht, wie im Verständnis des säkulari-
sierten Bewusstseins und der Annahme einer
»Rückkehr der Religiosität«[50] neue Chancen
für eine intensive Fortsetzung des Dialogs mit
der intellektuellen Welt von heute bestehen. Alles kommt jedoch darauf an, stets wieder von
neuem das Antlitz des lebendigen Gottes zu suchen. Darum steht eine *Erneuerung der Frage
nach Gott* an erster Stelle aller Aktivitäten.

2. Es gibt unerwartete Einbrüche in der Glaubens-
vermittlung seit dem Zweiten Vatikanischen
Konzil. Es sind – wie oben schon dargelegt – für

---

50 Vgl. K. Lehmann (Hg.), Weltreligionen. Verstehen –
Verständigung – Verantwortung, Frankfurt a. M. 2009, 19–
38, 252–277 sowie 280–287, 313–321.

die Zeit vor allem zwischen 1968 und 1974 starke Säkularisierungsschübe festgestellt worden. Darum erscheint der Bruch zur »vorkonziliaren« Zeit noch größer. Vor allem die *Weitergabe des Glaubens an die künftigen Generationen* hat schwer gelitten, was freilich nicht kirchlich verengt gesehen werden darf, sondern auch einen Umbruch in der Tradierung kulturellen Wissens überhaupt bedeutet. Darum müssen wir mit allen Kräften die religiöse Erziehung des Kindes fördern, das Gespräch mit jungen Erwachsenen und jungen Eltern neu suchen und um das Vertrauen der Frauen überzeugender werben, vor allem in der jüngeren Generation. Hier bedeutete der Weltjugendtag im August 2005 in Köln zweifellos ein ernstzunehmendes Signal, übrigens auch die verstärkten Wiedereintritte von aus der Kirche ausgetretenen Menschen. Diese Bemühungen werden ja intensiver fortgesetzt. Die positiven Impulse sind durch den Missbrauchsskandal zum Teil wieder verdeckt worden, bleiben aber nach wie vor gültig. Die Limburger Ereignisse um Bischof Franz-

Peter Tebartz-van Elst haben uns dabei mächtig zurückgeworfen.

3. Das Konzil hat sich wie vorher noch keine Kirchenversammlung und keine Epoche in der Glaubensgeschichte ausführlich und direkt mit der Kirche beschäftigt. Dies war aus vielen Gründen notwendig. Das Konzil hatte damit jedoch keine Selbstbespiegelung angezielt. Wir sind in der nachkonziliaren Zeit jedoch oft sehr auf uns selbst zurückgefallen, weil wir mit vielen innerkirchlichen Reformen, Diskussionen und Auseinandersetzungen beschäftigt waren. Hier müssen wir gründlich umlernen, damit *die Kirche* noch viel stärker *in ihrer radikal dienenden Hinordnung auf Gott und die Menschen* ein glaubwürdiges Zeugnis geben kann.[51] *Dienst und Dialog*[52] – die Solidarität und Proexistenz,

51 Vgl. K. Lehmann, Neuer Mut zum Kirchesein, Freiburg i. Br. 1982; J. Ratzinger / K. Lehmann, Mit der Kirche leben, Freiburg i. Br. 1977.
52 Vgl. dazu: K. Lehmann, Evangelium und Dialog. Ein Vortrag zum 25jährigen Konzilsjubiläum, in: Herder-Korrespondenz 45 (1991) 84–90; auch in: Kirche im Kommen. Fest-

Communio und Einheit in Vielfalt einschlie-
ßen – sind dafür die entscheidenden Stichworte.[53]

4. Alles zielte im Konzil darauf, den Christen neu
für seinen Dienst an der Welt und den Dialog
mit ihr zu befähigen. Das Resultat ist auf weite
Strecken hin eher enttäuschend. Wir haben viel
Anpassung an die Strukturen der Gesellschaft
und der Welt erfahren, aber auch neue Formen
der Weltflucht hinnehmen müssen. In einer
Zeit, in der sich tiefgreifende Umbrüche vollzogen haben, war die *aktive Verantwortung
der Christen für die Gestaltung gesellschaftlicher und politischer Verhältnisse* oft wie in
einem Dornröschenschlaf. In Zukunft muss es
viel entschiedener auf das lebendige, personale
Zeugnis[54] der Christen ankommen.

schrift für Bischof Josef Stimpfle, hrsg. von E. Kleindienst und
G. Schmuttermayr, Frankfurt / Berlin 1991, 401–422, auch in:
Glauben bezeugen, Gesellschaft gestalten, a. a. O., 316–327.

[53] Vgl. aus biblischer Sicht: Th. Söding, Umkehr der Kirche, Freiburg i. Br. 2014.

[54] Vgl. dazu K. Lehmann, Glauben bezeugen, Gesellschaft gestalten, a. a. O., 531–546.

5. Mit den bisher schon genannten Perspektiven hängt es auch zusammen, dass wir eine *neue missionarische Initiative* brauchen. Wem der Glaube etwas bedeutet, der wird andere zu gewinnen suchen. Dies gilt nicht nur für die ferne Weltmission oder den Nichtchristen fremder Herkunft, die bei uns leben, sondern es gilt für die vielen Nichtchristen, vor allem in den neuen Bundesländern, aber auch für eine wachsende Zahl in der alten Bundesrepublik Deutschland. Dann hätten wir auch eine Chance, in der geistigen Auseinandersetzung von einer Verteidigungsstellung mit dem Rücken zur Wand loszukommen und inmitten des vielfältigen Pluralismus in unserer Gesellschaft den eigenen Standort offensiver zu markieren.[55]

55 Vgl. dazu K. Lehmann, Zuversicht aus dem Glauben, Freiburg i. Br. 2006, 476–498. – Es tut gut, die Analyse der gegenwärtigen Situation, die heute selbstverständlich historische und sozialwissenschaftliche Erkenntnisse einschließt, auch zu verbinden mit einem Blick auf die nichtkatholischen Kirchen und die nichtchristlichen Religionen. Vgl. dazu H. Lehmann, Das Christentum im 20. Jahrhundert: Fragen, Probleme, Perspektiven = Kirchengeschichte in Einzeldarstellungen IV/9, Leipzig 2012.

Ich möchte schließen mit einer kurzen Überlegung. Wir lassen uns durch die Besinnung auf das Konzil an ein geistiges und geistliches Erbe erinnern, das wir der Vergesslichkeit unserer schnelllebigen Gesellschaft entreißen und in Dankbarkeit neu annehmen wollen. Solche Erinnerung führt uns durch Verkrustungen aller Art wieder zurück zu den unverbrauchten Quellen christlichen Lebens, vor allem zum Wort Gottes. So kann die Erinnerung neue schöpferische Kräfte entbinden, die faszinierender und wagemutiger sind als die neuesten Moden des Zeitgeistes, die morgen schon wieder von gestern sind. In diesem Sinne ist das Gedächtnis des Konzils ein herausforderndes Abenteuer, das die Wachheit und Bereitschaft, die Umkehrfähigkeit und die Sensibilität unseres Glaubens auf die Probe stellt. Gerade darum tut lebendige Erinnerung not.[56]

56 Eine Hilfe kann dabei die Wiederkehr der Verabschiedung der Konzilsdokumente z. B. jeweils vor 50 Jahren sein. Hier gibt es die Gelegenheit einer echten »relecture«. Für die Liturgiekonstitution vgl. das Dokument der Deutschen Bischofskonferenz »Mitte und Höhepunkt des ganzen Lebens der christlichen Gemeinde. Impulse für eine lebendige Feier

Es ist gewiss auch die Chance für eine reinigende Gewissenserforschung.[57]

der Liturgie« = Die deutschen Bischöfe 74, 24. 6. 2003, Bonn o. J. (2003); vgl. auch umfassend K. Lehmann, Rückblick auf die Liturgiereform, in: M. Stuflesser (Hg.), Sacrosanctum Concilium. Eine Relecture der Liturgiekonstitution des Zweiten Vatikanischen Konzils = Theologie der Liturgie 1, Regensburg 2011, 77–96 (Lit.).

[57] Aus den Aufrufen dazu in jüngster Zeit nenne ich hier nur außer den schon genannten Veröffentlichungen von F.-X. Kaufmann und H. Joas besonders H.-H. Sedlacek, Verbaut die Kirche ihre Zukunft? Ein deutscher Katholik fragt nach, Leipzig 2012; Th. von Mitschke-Collande, Schafft sich die katholische Kirche ab? Analysen und Fakten eines Unternehmensberaters, München 2012 (mein Vorwort: 9 f.). – Hier darf man die vielfältigen Impulse, die zur Erneuerung in der Kirche auch schon längst von Theologen und Bischöfen ausgegangen sind, nicht verschweigen. Ich denke z. B. an das Lebenswerk des verstorbenen Erzbischofs von Mailand C. M. Kardinal Martini; vgl. ders. / G. Sporschill, Jerusalemer Nachtgespräche. Über das Risiko des Glaubens, Freiburg i. Br. 2008. Kurz vor seinem Tod am 31. 8. 2012 rief Kardinal Martini die wichtigsten Punkte einer Erneuerung der Kirche in unser Gedächtnis, vgl. »Der Papst und die Bischöfe müssen umkehren«, in: DIE ZEIT. Christ und Welt, 6. 9. 2012 (Nr. 37), 5 (vgl. auch das Gespräch von Chr. Florin mit P. G. Sporschill SJ, der das Interview mit Kardinal Martini führte). Vgl. auch F.-X. Kaufmann, Zwischen Wissenschaft und Glauben. Persönliche Texte, Freiburg i. Br. 2014, 111–152, 185–203.

FRANZ-XAVER KAUFMANN

Nachhaltiger Perspektivenwechsel
Zur Aktualität von *Gaudium et spes*

Gaudium et spes lauten die beiden ersten Worte der »Pastoralen Konstitution über die Kirche in der Welt von heute« (und sie wird dementsprechend mit GS abgekürzt). Sie wurde vom Zweiten Vatikanischen Konzil am 6. Dezember 1965 verabschiedet und in der Schlusssitzung am folgenden Tag von Papst Paul VI. feierlich promulgiert. Die Pastoralkonstitution war das zuletzt verabschiedete Dokument mit der wohl umwegreichsten Entstehungsgeschichte. Sie stieß bis zuletzt auf den Widerstand des *Coetus Internationalis Patrum*, des Zusammenschlusses der sich auf die Tradition des I. Vatikanums berufenden Kirchenväter, die meist als die Konservativen bezeichnet werden.[1]

---

1 Vgl. R. de Mattei, Das Zweite Vatikanische Konzil –

251 Nein-Stimmen gegenüber 2111 Ja-Stimmen bei der Abstimmung in der letzten Sitzung der Generalkongregation war eine beachtlich hohe Zahl.[2] Im Folgenden kann aus Zeitgründen nicht auf die vielfältigen Wendungen in der Textentstehung eingegangen werden. Es genüge der Hinweis, dass dieses Dokument keine Präzedenz in Theologie und Kirchengeschichte hat und wie kein anderes als Produkt des Konzils selbst anzusehen ist. In ihm kommt die Wende im Selbstverständnis der katholischen Kirche, die das Konzil gebracht hat, am deutlichsten zum Ausdruck. Dazu gleich mehr. Und diese Wende musste mühsam erarbeitet werden.

Bereits die Bezeichnung »Pastorale Konstitution« ist neu. Konstitution ist ein alter römischer Rechtstitel. Er bezeichnet auf dem Konzil Äuße-

---

eine bislang ungeschriebene Geschichte. Edition Kirchliche Umschau, o. O. 2011 (ital. Torino 2010), 550 ff.

2 Details zur Textentstehung und inhaltliche Zitate nach: Das Zweite Vatikanische Konzil. Dokumente und Kommentare, Lexikon für Theologie und Kirche, 2. Aufl., Bde. 12–14, hier Bd. 14, 241–592.

rungen mit dem höchsten Verbindlichkeitsgrad.[3] Das Konzil verabschiedete noch drei weitere Konstitutionen: »Über die göttliche Offenbarung« *(Dei Verbum),* »Über die Kirche« *(Lumen gentium)* und »Über die Heilige Liturgie« *(Sacrosanctum Concilium).* Sie betreffen dogmatische oder disziplinäre Fragen. Der Zusatz »Pastoral« macht auf den davon verschiedenen Charakter von *Gaudium et spes* aufmerksam. Da nach der Absicht von Papst Johannes XXIII., der das Konzil einberufen hatte, dieses insgesamt pastoral – und nicht disziplinär verurteilend – arbeiten sollte, ist der Titel durchaus ernst zu nehmen.

Was aber ist das inhaltlich Neue von *Gaudium et spes?* Eigentlich steht es bereits im Titel: »Die Kirche in der Welt von heute«. Die Kirche beschäftigt sich hier nicht mit sich selbst, sondern mit ihrer Aufgabe und Stellung in der Welt und zu der Welt von heute. Um das nahezu Revolutionäre

---

3 Zum Schillern des Begriffs »Konstitution« vgl. O. H. Pesch, Das Zweite Vatikanische Konzil, Würzburg 1993, 78 f.

dieses neuen Selbstverständnisses zu begreifen, ist ein kurzer historischer Exkurs notwendig.

Das Christentum gibt es seit fast zwei Jahrtausenden, und die Dominanz der römischen Papstkirche dauert auch schon mindestens 800 Jahre. Mit dem Dritten (1179) und Vierten Laterankonzil (1214) ging die Leitung der Kirche von den nur ausnahmsweise tagenden Konzilien auf die jederzeit regierenden Päpste über und nahm weitgehend rechtsförmigen Charakter an.[4] Die Päpste beanspruchten die Leitung der Kirche und eine Art Oberherrschaft über die weltlichen Regenten, die allerdings in der Praxis nur ausnahmsweise zur Geltung kam. De facto bestanden nur geringe Unterschiede zwischen geistlichen und weltlichen Herrschaftsformen. Es gab keine klaren theoretischen Unterschiede zwischen Kirche und Staat. Erst mit der Aufklärung gewannen Herrschaftskritik und Herrschaftsbegründung an Gewicht. Dementsprechend entstand auch erst

---

4 A. Melloni, Die sieben »Papstkonzilien« des Mittelalters, in: G. Alberigo (Hg.), Geschichte der Konzilien, Düsseldorf 1993, 198–231, bes. 207f.

im 19. Jahrhundert eine systematische Lehre von der Kirche, eine theologische Ekklesiologie. Diese systematisierte und ergänzte die seit dem Mittelalter erhobenen päpstlichen Ansprüche. Auf dem I. Vatikanischen Konzil wurden diese auf eine unumschränkte Leitungsgewalt des Papstes hin zugespitzt, den Jurisdiktionsprimat, und dessen Autorität durch die Lehre von der Unfehlbarkeit ergänzt. Von nun an war der Papst nach kirchlichem Selbstverständnis von allen Einschränkungen in der Ausübung seines Amtes befreit, ein nur Gott verantwortlicher absoluter Herrscher über seine Kirche – allerdings nicht mehr über die Politik der Staaten, auch wenn dieser Anspruch päpstlicherseits aufrechterhalten wurde. Gegen Argumente aus der Tradition, die auf Konsultationspflichten des Papstes hinwiesen, soll Pius IX. geantwortet haben: »Die Tradition bin ich!«[5] Der Kirchenhistoriker Hubert Wolf bringt die Wende zur dogmatischen Autokratie auf die Sentenz: »»Wahr ist, was

---

[5] G. Alberigo, Das Erste Vatikanische Konzil (1869–1870), in: ders. (Hg.), Geschichte der Konzilien, Düsseldorf 1993, 385–412, Zitat 403.

gelehrt wird‹ statt ›Gelehrt wird, was wahr ist‹«.[6]
Vor allem unter dem Pontifikat Johannes Pauls II.
wurde von dem damals erfundenen ordentlichen
Lehramt des Papstes regen Gebrauch gemacht, um
abweichende Auffassungen zu unterdrücken.

Die Kirche wurde schon seit dem Hochmittel-
alter als Klerikerkirche verstanden, als *societas
perfecta hierarchica.* De facto herrschte nun der
Papst und in seinem Namen die päpstliche Kurie
über die Bischöfe, die Orden und indirekt über alle
Kleriker. Den Laien wurde schlichte Gefolgschaft
abverlangt, und Zusammenschlüsse von Katholiken sollten stets unter klerikaler Leitung stehen.
Diese einseitige Papstzentrierung war teilweise
durch den Abbruch des I. Vatikanums infolge des
Ausbruchs des Deutsch-Französischen Krieges
(1870/71) bedingt, setzte sich aber im allgemeinen
Kirchenverständnis durch. Der Papst genoss seit
Pius IX. eine allgemeine Verehrung seitens der

6 H. Wolf, »Wahr ist, was gelehrt wird« statt »Gelehrt
wird, was wahr ist«? Zur Erfindung des »ordentlichen«
Lehramtes, in: Th. Schmeller u. a. (Hg.), Neutestamentliche
Ämtermodelle im Kontext, Freiburg i. Br. 2010, 236–259.

Katholiken als »Heiliger Vater« und dementsprechend blieb die Folgebereitschaft hoch.

Bekanntlich hat das II. Vatikanum die dogmatischen Festlegungen des I. Vatikanums nicht in Frage gestellt, aber die Lehre von der Kirche auf eine wesentlich breitere Grundlage gebracht. Im Gegensatz zu den Vorstellungen der Antimodernisten wurde von Johannes XXIII. die absolute Autorität des Papstes sogar eingesetzt, um die Steuerungsabsichten der Römischen Kurie zu durchkreuzen und dem Konzil die Freiheit des Denkens und Entscheidens zu sichern.

Gegenüber dem Sammelsurium von Vorlagen, die die im Wesentlichen aus vatikanischen Kurialen bestehende »Vorbereitende Kommission« 1962 den Konzilsvätern präsentierte, entwickelte der damals einflussreiche Kardinal Léon-Joseph Suenens, Erzbischof von Mecheln und einer der vier Moderatoren des Konzils, die Unterscheidung von notwendigen Aussagen des Konzils *ad intra,* also die Kirche selbst betreffend, und *ad extra,* also das Verhältnis von Kirche und Welt betreffend. Der Soziologe erkennt in dieser grundlegenden

Unterscheidung eine Analogie zur System-Um-welt-Theorie.

Die *ad intra* gerichtete Dogmatische Konstitution über die Kirche *Lumen gentium* stellt nicht mehr den Papst, sondern das »Volk Gottes« ins Zentrum des Kirchenverständnisses und räumt demzufolge auch den Laien ausdrückliche Rechte ein. Vor allem wird den Bischöfen eine den Aposteln analoge Stellung in der Kirche zugesprochen und ihre Kollegialität mit dem Papst betont. Dagegen hat das Konzil die einfachen Priester und die Orden eher stiefmütterlich behandelt. Das alles wird in der Konstitution grundsätzlich und in einschlägigen Dekreten detailliert behandelt. Doch nicht darum geht es hier, sondern um die Pastoralkonstitution, welche das Verhältnis der Kirche zur Welt (also *ad extra*) erstmals gedanklich zu entwickeln versucht. In der Dimension *ad extra* wird davon unterschieden die *religiöse Umwelt,* die im Dekret über den Ökumenismus und in den Erklärungen über die nichtchristlichen Religionen sowie über die Religionsfreiheit behandelt wird. Die Pastoralkonstitution ist das einzige

Dokument, das sich mit der *profanen Umwelt* der Kirche befasst.

Der Würzburger Theologe Elmar Klinger brachte die Eigenart der Pastoralkonstitution wie folgt zur Sprache:

»Sie ist das Neue, Revolutionäre, Epochemachende und zugleich die ureigenste Leistung des Konzils; denn sie führt einen Perspektivenwechsel im Verhältnis von Kirche und Gesellschaft durch. Die traditionelle, von den Kurialen auf dem Konzil vertretene und bis heute festgehaltene Auffassung sieht in diesem Verhältnis eine Über- und Unterordnung mit einseitiger Abhängigkeit – die Kirche gibt, die Gesellschaft empfängt. Die neue, vom Konzil selbst vertretene, bis heute indes nur partiell durchgeführte Auffassung sieht in diesem Verhältnis eine Gleichstellung mit wechselseitiger Abhängigkeit – beide geben, beide empfangen. Die Katholische Kirche ist in die Weltgesellschaft eingegliedert und bildet in ihr einen wichtigen Teil. Schon Johannes XXIII. hatte erklärt, die katholische Tradition sei nicht das Eigentum der katholischen Kirche, sondern der gesamten Menschheit.«[7]

Hier also wird die System-Umwelt-Perspektive und damit die Modernität der Gesellschaftsauffassung noch deutlicher. Die Kirche steht nicht mehr außerhalb, sozusagen *über* der Welt, als sakrale Weltspitze, sondern sie steht *in* der Welt, mit dem Auftrag, den Menschen das Heil in Jesus Christus zu verkünden. Die Kirche ist *in* dieser Welt, aber nicht *von* dieser Welt. Auf diese Bindung an die Transzendenz Gottes, der in Jesus Christus Mensch geworden ist, kann sie sich jedoch nicht mehr einfach zur Begründung ihrer Autorität berufen, sondern muss sie in ihrem Glauben und in ihren innerweltlichen Praktiken glaubhaft machen. Sie hat einen Missionsauftrag. Sie soll den Menschen den christlichen Glauben schmackhaft machen, sie für den Glauben gewinnen.

[7] E. Klinger, Das Aggiornamento der Pastoralkonstitution, in: F.-X. Kaufmann / A. Zingerle (Hg.), Vatikanum II und Modernisierung, Paderborn 1996, 171–188, Zitat 180 f.

Wie nun wird diese Grundeinsicht in *Gaudium et spes* ausbuchstabiert? Ich kann in der Kürze der Zeit nur wenige Gedankenlinien andeuten.

Am Anfang steht eine Solidaritätserklärung mit der Menschheit, wie sie ist, und nicht, wie sie sein sollte: »Freude und Hoffnung, Trauer und Angst der Menschen von heute, besonders der Armen und Bedrängten aller Art, sind auch Freude und Hoffnung, Trauer und Angst der Jünger Christi« (GS 1,1). Diese Solidaritätserklärung schließt grundsätzlich niemanden aus. Die Opposition gegen *Gaudium et spes* nährte sich vor allem aus der Weigerung der Konzilsmehrheit, eine Verurteilung des Kommunismus in das Dokument aufzunehmen.[8] Bekanntlich hat dieser sich auch ohne die Verurteilung des Konzils, aber durchaus unter Mithilfe des aus dem Ostblock stammenden Papstes Johannes Paul II. sozusagen in Nichts aufgelöst und nur die alten nationalen Ansprüche Russlands übrig gelassen. Diese Offenheit gegenüber einer Welt, »wie sie ist«, ist das eigentlich Neue. Die Kir-

8 De Mattei, a. a. O., 573 ff.

che behauptet nicht mehr im Namen eines von ihr auszulegenden Naturrechts, alles besser zu wissen, sondern erklärt alle Aussagen der Pastoralkonstitution über die weltlichen Dinge als vorläufig, revidierbar. Die Selbstbeschränkung wird besonders deutlich in der Anerkennung der »richtigen Autonomie der irdischen Wirklichkeiten« und der auf sie bezogenen Wissenschaften (GS 36). Auch hierin sieht der Soziologe Annäherungen an die Einsicht in die funktionale Ausdifferenzierung moderner Gesellschaftsstrukturen.

Unser Dokument ist das umfangreichste der vom Konzil verabschiedeten. Manche werfen ihm auch eine gewisse Weitschweifigkeit vor und monieren, dass das Verhältnis von theologischen und gesellschaftsanalytischen Argumenten oft unklar bleibe. Das sollte angesichts der Neuartigkeit des Diskurses auch nicht überraschen. Einige wichtige Aspekte, die weniger die konkreten Problemanalysen als die grundlegenden Annahmen betreffen, seien hervorgehoben.

Zentral ist die Rezeption der universalistischen Menschenrechtsdoktrin, und zwar zu einem Zeitpunkt, als diese noch nicht zur Grundlage eines Weltethos geworden war. Die Verabschiedung der *Universal Declaration of Human Rights* durch die Vereinten Nationen im Dezember 1948 war zunächst ein eher unauffälliger Akt unter vielen anderen, und es dauerte Jahrzehnte, bis sie zu ihrer heutigen Bedeutung herangereift war. Auch wenn die christliche Lehre von der Gottebenbildlichkeit des Menschen eine der wichtigsten Wurzeln für die Menschenrechte darstellt, so wurde diese Doktrin zunächst dennoch von der katholischen Kirche als ein Produkt der Aufklärung nachdrücklich bekämpft. Am entschiedensten hatte sich dieser Kampf gegen die Glaubens- und Gewissensfreiheit entfaltet, und deshalb wurde um den Paradigmenwechsel des Konzils auch auf diesem Feld erbittert gerungen. Mit der Verabschiedung der Erklärung über die Religionsfreiheit *Dignitatis humanae* war diese Schlacht bereits geschlagen.[9]

---

[9] Hierzu E.-W. Böckenförde, Über die Autorität päpstlicher Lehrenzykliken am Beispiel der Äußerungen zur Religionsfreiheit, in: ders., Kirche und christlicher Glaube in den Herausforderungen der Zeit, 2. Aufl., Berlin 2007, 471–489.

Liest man heute, ein halbes Jahrhundert später, die Einleitung zu *Gaudium et spes,* so beindruckt die Klarsichtigkeit, mit der wesentliche Tendenzen der Moderne als »Zeichen der Zeit« einer »neuen Epoche« der Menschheitsgeschichte beschrieben werden: Die Allgegenwärtigkeit des Wandels, die Zunahme des Reichtums, der als wirtschaftliche Macht akkumuliert und große Teile der Menschheit davon ausschließt, die wachsende Komplexität der Situation, in der »sich viele unserer Zeitgenossen schwer (tun), die ewigen Werte recht zu erkennen und mit dem Neuen, das aufkommt, zu einer richtigen Synthese zu bringen; so sind sie, zwischen Hoffnung und Angst hin und hergetrieben, durch die Frage nach dem heutigen Lauf der Dinge zutiefst beunruhigt« (GS 4). Die Menschheit vollzieht »einen Übergang von einem mehr statischen Verständnis der Ordnung der Gesamtwirklichkeit zu einem mehr dynamischen und evolutiven Verständnis« (GS 5). »Die Verflechtungen der Menschen untereinander (nehmen unablässig) zu und (so) führt die ›Sozialisation‹ (scil. Vergesellschaftung) zu immer neuen Verflechtungen, ohne aber immer eine entsprechende Reifung der Person und wirklich personale Beziehungen (›Personalisation‹) zu fördern« (GS 6). »Die Wandlungen von Denkweisen und Strukturen stellen häufig überkommene Werte in Frage ... Einerseits läutert der geschärfte kritische Sinn das religiöse Leben von einem magischen Weltverständnis und von noch vorhandenen abergläubischen Elementen und fordert mehr und mehr eine ausdrücklicher personal vollzogene Glaubensentscheidung, sodass nicht wenige zu einer lebendigeren Gotteserfahrung kommen. Andererseits geben breite Volksmassen das religiöse Leben praktisch auf« (GS 7). Es entstehen viele soziale Spannungen. »Die Folge davon sind gegenseitiges Misstrauen und Feindschaft, Konflikte und Notlagen. Ihre Ursache und ihr Opfer zugleich ist der Mensch« (GS 8). Soweit die Situationsdiagnose von *Gaudium et spes*.

Der Text geht dann auf die Sehnsüchte der Menschen ein: Etwa »eine politische, soziale und wirtschaftliche Ordnung zu schaffen, die immer besser im Dienst der Menschen steht und die dem Einzelnen wie den Gruppen dazu hilft, die ihnen eigene

Würde zu behaupten und zu entfalten. ... Zum ersten Mal in der Geschichte der Menschheit haben alle Völker die Überzeugung, dass die Vorteile der Zivilisation auch wirklich allen zugute kommen können und müssen« (GS 9). Der Soziologe in mir zieht die Stirn kraus: Wirklich alle Völker? Aber immerhin: So steht es in der *Allgemeinen Erklärung der Menschenrechte,* und darauf darf sich ein jeder und jede berufen. Dann wird das Fragen vertieft: »Was ist der Mensch? Was ist der Sinn des Schmerzes, des Bösen, des Todes – alles Dinge, die trotz solchen Fortschritts noch immer weiterbestehen? Wozu diese Siege, wenn sie so teuer erkauft werden mussten? Was kann der Mensch der Gesellschaft geben, was von ihr erwarten? Was kommt nach diesem irdischen Leben?« (GS 10).

Und schließlich die Antwort der Kirche: »Die Kirche aber glaubt: Christus, der für alle starb und auferstand, schenkt den Menschen Licht und Kraft durch seinen Geist, damit er seiner höchsten Berufung nachkommen kann ... Die Kirche bekennt überdies, dass allen Wandlungen vieles Unwandelbare zugrunde liegt, was seinen letzten Grund in

Christus hat, der derselbe ist gestern, heute und in Ewigkeit« (GS 10).

Soweit also die Einleitung der Pastoralkonstitution, die ich ausführlich zitiert habe, um die Diktion des Textes nahezubringen. Die Menschen, und zwar alle Menschen guten Willens, sollen abgeholt werden, damit sie an der Verheißung Christi Geschmack finden können.

Es folgen zwei Hauptteile. Der erste bezieht sich auf die soeben zitierten Fragen. Er entwickelt eine christliche Anthropologie, die sich in folgender Spitzenaussage verdichtet:

»Die Würde des Menschen verlangt daher, dass er in bewusster und freier Wahl handle, das heißt personal, von innen her bewegt und geführt und nicht unter blindem innerem Drang oder unter bloßem äußeren Zwang. Eine solche Würde erwirbt der Mensch, wenn er sich aus aller Knechtschaft der Leidenschaften befreit und sein Ziel in freier Wahl des Guten verfolgt sowie sich die geeigneten Hilfsmittel wirksam und in angestrengtem Bemühen verschafft. Die Freiheit des Menschen, die durch die Sünde verwundet ist, kann nur mit Hilfe der Gnade Gottes die Hinordnung auf Gott zur vollen Wirksamkeit bringen. Jeder aber muss vor dem Richterstuhl Gottes Rechenschaft geben von seinem eigenen Leben, so wie er selber Gutes oder Böses getan hat.« (GS 17)

Aus dem zweiten Hauptteil, der wichtigen Einzelfragen gewidmet ist, gehe ich exemplarisch nur auf das Kapitel *Förderung der Würde der Ehe und der Familie* (GS 47 ff.) ein. Hier zeigt die Relecture nach 50 Jahren deutlich die Restriktionen, denen kirchliches Sprechen durch Zeitumstände und eigene Tradition, insbesondere aber durch das Verhältnis beider unterworfen war.

Der Text enthält vor allem eine Apologie der »ursprüngliche(n) Würde der Ehe und ihr(es) hohen und heiligen Wert(es)« (GS 47). Mit Bezug auf keine andere menschliche Institution wird eine ähnliche Sakralisierung vorgenommen, welche durch die Analogie zum Verhältnis von Christus und seiner Kirche begründet wird. Die Familie erscheint sozusagen als Anhängsel zur Ehe. Es wird ein höchst anspruchsvolles Ehebild gezeichnet und betont: »Um die Pflichten dieser christlichen Berufung beständig zu erfüllen, ist ungewöhnliche Tugend erforderlich« (GS 49). Kein Wort über die, die vor diesem Tugendanspruch scheitern. Die Spannung zwischen der Überforderung der Alltagsmoral durch göttliche Gebote, die ja auch in den Worten Jesu immer wieder anklingt, einerseits und den Rechtsregeln, die als Recht nur eine Minimalmoral sanktionieren können, andererseits wird am Problem gescheiterter Ehen offenkundig, doch davon ist keine Rede. Statt dessen ist ausführlich von der Frage der Geburtenkontrolle die Rede, die zwar einerseits in die Gewissensverantwortung der Eheleute gelegt wird, andererseits aber »objektiven Kriterien« unterliegt, »die sich aus dem Wesen der menschlichen Person und ihrer Akte ergeben und die sowohl den vollen Sinn gegenseitiger Hingabe als auch den einer wirklich humanen Zeugung in wirklicher Liebe wahren. ... Von diesen Prinzipien her ist es den Kindern der Kirche nicht erlaubt, in der Geburtenregelung Wege zu beschreiten, die das Lehramt in Auslegung des göttlichen Gesetzes verwirft« (GS 51). Dieser letzte Satz und seine Ausbuchstabierung in der Enzyklika *Humanae vitae* (1968) hat die Beichtpraxis auch gutwilliger Katholiken in ganzen Landstrichen zum Erliegen gebracht.

Die Sakralisierung des kirchlichen Eheverständnisses in Verbindung mit seiner rechtlichen Codierung dürfte auch für die Bischofssynoden 2014 und 2015 wie eine Art gordischer Knoten gewirkt haben. Nicht das Leitbild der christlichen Ehe steht in Frage, aber die Ausübung der Binde- und Lösegewalt der Kirche in der Form syllogistischer rechtlicher Deduktionen. Das Thema fordert also den Spagat zwischen Tradition und modernen Einsichten tiefgreifend heraus. Hilfreich könnte der Gedanke sein, dass auch Traditionen in bestimmten historischen Kontexten entstanden sind und ihren Sinn mit dem Wandel der Kontexte auch neu begründen müssen, um plausibel zu bleiben.

Die Aktualität von *Gaudium et spes* liegt weniger in einzelnen Aussagen der Pastoralkonstitution – auch wenn da noch einiges zu zitieren wäre – als in der Herausforderung der Kirche durch ihre Existenz, durch die darin skizzierte Aufgabe, Kirche für grundsätzlich alle Menschen zu sein und ihnen Wege zum Glauben zu erschließen. Das ist – soziologisch gesprochen – eine Aufgabe, die menschliche Kräfte weit übersteigt. Schließlich sind nicht alle Menschen guten Willens oder zumindest ist dieser im Machtrausch ganzer Völker oder politischer Bewegungen nicht zu entziffern. Und selbst in der real existierenden Kirche ist nicht alles Ausdruck des »Volkes Gottes«, das uns die Kirchenkonstitution vorstellt. Aber die Kirche glaubt nicht an ihre eigene Kraft, sondern an den Beistand des Heiligen Geistes. Solchen Glauben hat auch der Soziologe zur Kenntnis zu nehmen, ohne ihn deshalb teilen zu müssen.

Vielleicht kann der folgende überlieferte Dialog zwischen Kaiser Napoleon und dem damaligen vatikanischen Staatssekretär Ercole Consalvi, anlässlich der Verhandlungen über das Konkordat von 1801, auch Skeptiker zum Nachdenken bringen:

Napoleon: »Ist Ihnen klar, Eminenz, dass ich Ihre Kirche jederzeit zerstören kann?« Darauf Consalvi: »Ist Ihnen klar, Majestät, dass nicht einmal wir Priester das in achtzehn Jahrhunderten fertiggebracht haben?«[10]

---

[10] Wikipedia: Art. Consalvi Paradoxon (Abruf am 6. 10. 2015).

FRANZ-JOSEF OVERBECK

Soziallehre und Lehramt
Zum Pluralismus in Gesellschaft
und Kirche

Anlässlich der Verleihung des Guardini-Preises an Oswald von Nell-Breuning SJ gab die Katholische Akademie in Bayern 1972 ein Bändchen heraus, das unter dem provokanten Titel *Wie sozial ist die Kirche? Leistung und Versagen der katholischen Soziallehre* eine Reihe seiner Beiträge versammelt. Hierin reflektiert der Preisträger, der so häufig, auch wegen seines so langen Lebens und Wirkens, als Nestor ebendieser Soziallehre bezeichnet wird, die Wirkungsgeschichte seines Fachs aus heutiger Sicht angenehm frisch und kritisch. Unter katholischer Kirche oder katholischem Glauben könne man sich sehr gut etwas vorstellen, was aber sei katholische Soziallehre? Eine Soziallehre könne richtig sein oder falsch, sie könne analytisch oder synthetisch, induktiv oder deduktiv verfahren, sich darauf beschränken, Problemstellungen adäquat zu explizieren, oder mit normativem Anspruch auftreten. Aber katholisch oder evangelisch, christlich oder buddhistisch und dergleichen mehr – dies seien Unterscheidungsmerkmale, die sich auf eine Soziallehre eigentlich nicht beziehen ließen. Genauso sei es ein Unding, von Rechts- oder Linkskatholiken anstatt von Katholiken zu sprechen, die sich zur politisch Rechten oder politisch Linken zählten. Begrifflich ist für Nell-Breuning »katholische Soziallehre« eigentlich ein Ungetüm: Was dazu berechtige, eine Soziallehre als »katholisch« zu bezeichnen, sei nicht ihr eigentümlicher, spezifisch katholischer Lehrgehalt. Es sei einfach ihre Herkunft, »sei es unmittelbar vom Lehramt der katholischen Kirche und durch dessen Autorität gedeckt, sei es von den fachwissenschaftlichen oder volkstümlichen Auslegern, soweit diese sich an die kirchenamtlichen Dokumente halten und ihnen nicht eigene Lehrmeinungen entgegenstellen.«[1]

---

[1] O. von Nell-Breuning, Wie sozial ist die Kirche? Leis-

Damit spricht der Jesuit den komplexen sozialen Zusammenhang an, der mit dem Begriff »katholischer Soziallehre« gemeinhin zusammengefasst wird. Soziallehre gilt als ein Zusammenspiel von sozialer Bewegung – also dem, was man unter der Tradition des Sozialkatholizismus fassen kann –, von wissenschaftlicher Reflexion als theologischer Disziplin – also dem, wie es innerhalb theologischer Fakultäten als Sozialethik gelehrt wird – und schließlich von kirchlichem Lehramt, das in einer hierarchischen Ausprägung vom Ortsbischof über das kollegiale Element der Bischofskonferenz bis hin zum Papst und den berühmten Sozialenzykliken *Rerum novarum* (Leo XIII.), *Quadragesimo anno* (Pius XI.) bis zuletzt zu *Laudato si* (Franziskus) führt.

Das Lehramt, als dritter Akteur, fungiert dabei zugleich als Notar, der Themen und Positionen der beiden anderen Akteure verbindlich aufgreift, und als Initiator, indem es hierbei für ein beson-

tung und Versagen der katholischen Soziallehre (Schriften der Katholischen Akademie in Bayern), Düsseldorf 1972, 59.

deres Profil sorgt und Schwerpunktsetzungen vornimmt, die dann wiederum von der sozialen Bewegung bzw. den Wissenschaftlern erneut aufgegriffen und reflektiert werden. Dass Päpste dabei keine Einzelkämpfer sind, dass sie auch in der Ausübung ihres Amtes fachlich und strategisch beraten werden, lässt sich einfach mit Nell-Breuning verdeutlichen, der als junger Wissenschaftler für die Vorlage von *Quadragesimo anno* sorgte und dabei das prominente (katholische) Subsidiaritätsprinzip in die Soziallehre einführte.

Oswald von Nell-Breuning verneint in dem genannten Bändchen, dass die Soziallehre eine eigene, geschlossene Systematik darstelle. Er greift vielmehr das Wort vom »Gefüge offener Sätze« (Hermann Josef Wallraff SJ) auf, das sich eben nicht als Alternative und komplementär zu den profanen Beschreibungen der Dinge der Welt versteht und solche soziologischen oder ökonomischen Beschreibungen vielleicht sogar ersetzen könnte. Der einzige Unterschied, den katholische Soziallehre macht, beruht auf der besonderen, kirchlichen (Glaubens-)Perspektive, aus der heraus die Dinge betrachtet werden. »Katholische Soziallehre« an sich, die als Lehrgegenstand schulbuchmäßig zu entwickeln und zu lernen wäre, könne es gar nicht geben, so konkret und vielgestaltig seien die praktisch-politischen Fragestellungen als Anlass für ihre Entfaltung. Auch die Inhaber von Lehrstühlen christlicher Gesellschafts- oder Soziallehre würden ihren Hörern kein ausgeklügeltes System katholischer Soziallehre vortragen, sondern die einschlägigen kirchenamtlichen Verlautbarungen im Kontext sozialwissenschaftlicher Reflexionen behandeln und dabei Schwerpunkte auf ausgewählte sozialwissenschaftliche und sozialpolitische Themenstellungen legen, »allerdings mit der Besonderheit, dass wir uns dabei leiten lassen von dem, was unser Glaube uns über den Menschen sagt, und uns zunutze machen, was die Kirche zu Fragen der Sittenordnung und in Bezug auf Gesellschaft, Wirtschaft und Staat lehramtlich verlautbart. ... Ich pflege das so auszudrücken, die ganze Soziallehre lasse sich auf einen Fingernagel schreiben.«[2]

---

2 Ebd., 85 f.

Katholische Soziallehre beschreibt mit Nell-Breuning also einen sozialwissenschaftlichen Zusammenhang, der mit sozialwissenschaftlichen Mitteln aus der Perspektive eines Gläubigen zu entfalten ist. Und gerade hier liegt für ihn der Mehrwert, denn die im Bewusstsein der Gläubigen stets gegenwärtige transzendente Dimension trage besonders dazu bei, vor den katastrophalen Verirrungen zu bewahren, die man in den Soziallehren anderer Herkunft nur allzu oft wahrzunehmen und zu beklagen habe.

Die religiöse Fundierung der sozialethischen Perspektive soll also vor ideologischen Verengungen bewahren. In diesem Sinn kann man das (historische) Phänomen der Soziallehre – von Bischof Wilhelm Emmanuel von Ketteler aus Mainz über Adolph Kolping, Papst Leo XIII., Professor Franz Hitze, Minister Heinrich Brauns über Pater Nell-Breuning bis heute – auch als eine kirchliche Reaktion auf die sich im 19. Jahrhundert durchsetzenden Formen moderner Gesellschaft interpretieren. Sie wollte, in bewusster Konkurrenz zu Liberalismus und Sozialismus, individualistische

und kollektivistische Einseitigkeiten gesellschafts-
theoretisch und gesellschaftspolitisch ideologie-
kritisch überwinden. Für unseren deutschsprachigen Kontext ist damit eine Erfolgsgeschichte der
Formierung und politischen Behauptung eines mi-
lieuüber- und -umgreifenden Katholizismus mit
subgesellschaftlichen Strukturen angesprochen,
die es für Katholiken möglich machte, quasi in
einer gesellschaftlichen Verdoppelung angesichts
des Profanen in einer katholischen Welt zu leben.

Im Oktober 1890 wurde der »Volksverein für
das katholische Deutschland« gegründet, eine
Organisation, die mit über 6.000 Ortsgruppen
in ihren Hochzeiten 800.000 Mitglieder umfasste
und sich vor allem katholischer Sozial- und Volks-
bildungsarbeit widmete, aber auch als effektive
Hintergrundorganisation für die Zentrumspartei
fungierte und für politischen Einfluss sorgte. Katholische Soziallehre bildete dabei gleichsam die
alles zusammenhaltende Hintergrundstory. Auch
in der jungen Bundesrepublik konnte die Kombi-
nation aus Vereins- und Verbandsleben (Kolping,
KAB), wissenschaftlicher Reflexion (Gründung

109

theologischer Fakultäten mit sozialethischen Lehrstühlen) und bischöflicher Präsenz gesellschaftsgestaltenden Einfluss erreichen. Man denke nur an das Wirken des Hochschullehrers, geistlichen Begleiters des Bundes katholischer Unternehmer und späteren Münsteraner Bischofs und Kölner Kardinals Joseph Höffner.[3]

Seit den 1960er Jahren, im Zuge der nachholenden Modernisierung, setzte ein rasanter gesellschaftlicher Wandel ein, der viele dieser rahmengebenden Strukturen erodieren ließ zugunsten einer individuelleren Glaubens-, Lebens- und Gesellschaftsgestaltung. Damit veränderten sich die Legitimations- und Plausibilisierungsgrundlagen für öffentlich-gesellschaftspolitisches Handeln der Kirche. Und gerade heute bemerken wir die fortgeschrittenen Traditionsabbrüche und einen forcierten Schrumpfungsprozess, der uns kirchlicherseits vor die spannende Herausforderung

---

[3] Vgl. z. B. F.-X. Kaufmann, Joseph Höffner als Sozialpolitiker, in: K. Gabriel / H.-J. Große Kracht (Hg.), Joseph Höffner (1906–1987). Soziallehre und Sozialpolitik, Paderborn 2006, 37–50.

stellt, wieder neu die Grundlagen kirchlichen Lebens und kirchlich-öffentlichen Handelns zu reformulieren.

Nell-Breuning weist auf die schwindende Resonanzfähigkeit und Relevanz der Soziallehre in ihrer herkömmlichen Gestalt hin, wenn er darauf aufmerksam macht, dass 1891, im Jahr der Veröffentlichung von *Rerum novarum* als erster Sozialenzyklika, die Mehrheit der heute für das interdisziplinäre Gespräch der Sozialethik wichtigen Wissenschaften noch in den Kinderschuhen gesteckt habe oder noch nicht einmal dem Namen nach bekannt gewesen sei:

»Damals konnte man mit einem bisschen formaler Geistesschulung ungefähr auf allen hier einschlägigen Gebieten mitreden, ohne sich der Gefahr allzu großer Blamage auszusetzen; der in scholastischer Philosophie gründlich geschulte Theologe durfte sich kompetent erachten, zu Fragen der Sozialethik sein Urteil abzugeben ... heute nützt das Priestergewand, in dem man auftritt, nichts, nicht einmal der violette Kragenlatz; das abgelegte Kollar oder der abgelegte schwarze Rock allerdings noch viel weniger; heute zählt nur die fachwissenschaftliche Kompetenz ... Bis zum Tode Pius' XII. ist es, obwohl es auch damals schon peinliche Pannen gegeben hat, innerhalb gewisser Grenzen noch einigermaßen gelungen, mit der Entwicklung Schritt zu halten; seither ist es eindeutig nicht mehr gelungen und kann, wenn nicht völlig neue Wege eingeschlagen werden, nur immer weniger gelingen.«[4]

Das Zweite Vatikanische Konzil markiert durch sein Ereignis wie durch seine Dokumente und die darin enthaltenen neuen Selbstbeschreibungen von Kirche einen (auch qualitativen) Wendepunkt in der Soziallehre der Kirche. Das vielbeachtete Ereignis eines über 2000 Teilnehmer umfassenden Dialogprozesses, die semantischen Innovationen geöffneter Fenster, des Aggiornamentos, das Thema der Kollegialität und die gemeinschaftliche

---

[4] O. von Nell-Breuning, a. a. O., 76.

Identität als auf der Erde pilgerndes Volk Gottes, das als Sauerteig für die Menschheitsfamilie wirken möchte, zeigen einen formalen wie inhaltlichen Wandel des Lehramtes als angemessene Reaktion auf die veränderten gesellschaftlichen Plausibilitätsbedingungen.

In besonderer Weise und bis heute am umstrittensten ist dies in der Pastoralkonstitution *Gaudium et spes* gelungen, einer Selbstvergewisserung »über die Kirche in der Welt von heute«. Mit *Gaudium et spes* hat sich meinem Verständnis nach ein theologischer Quantensprung vollzogen, mit dem Ekklesiologie und Soziallehre nicht nur ein neues Verhältnis gefunden haben: Man könnte es regelrecht als Umkehrung der Ableitungslogik verstehen. Die gesellschaftlichen Umweltbezüge werden zum originären Bestandteil der Ekklesiologie, die Welt wird als Bewährungsort des Christlich-Kirchlichen erfahren und nicht mehr bloß als Anwendungsmaterial des postulierten Wahrheitsanspruchs gebraucht. Mit dem Konzil ist aus der Kirche als Gegengesellschaft eine Kirche der Weltgesellschaft geworden, die ihre Sozialdoktrin nunmehr diskursiv als Gesellschaftsethik anbietet, um letztlich (nach außen hin) zur weltweit agierenden Menschenrechtsagentur zu werden.[5]

Nell-Breuning fragt, ob die Kirche im Zweiten Vatikanischen Konzil nicht nur ein neues Selbstverständnis, sondern auch ein neues Weltverständnis gewonnen habe. Lege sie heute auf Weltabgewandtheit und Weltflucht ein geringeres, auf Weltzugewandtheit, auf Leistung in der Welt und für die Welt, auf die Wirk- und Entfaltungsmöglichkeiten, die Gott uns erschlossen hat, und auf die Bewährung in diesen Bereichen durch darin vollbrachte Leistungen mehr Gewicht als ehedem?

»Um der Pastoralkonstitution gerecht zu werden, sollten wir sie aber lesen als das, als was sie sich selbst versteht und in der Überschrift bezeichnet: nicht eine Lehre von der Welt und von dem, was in ihr an kulturellen, ökonomischen und sozialen Werten und Ordnungen besteht

---

5 Vgl. St. Nacke, Die Kirche der Weltgesellschaft. Das Zweite Vatikanische Konzil und die Globalisierung des Katholizismus, Wiesbaden 2010.

oder bestehen sollte, sondern ein Ausdruck des Selbstverständnisses der Kirche, wie sie ihr Verhältnis zu dieser Welt sieht und wie sie aus diesem Selbstverständnis heraus ihr Verhältnis zur Welt von heute gestalten will. In diesem Dokument bekennt sich die Kirche – ohne sich im Geringsten zu verweltlichen – in wahrhaft beglückender Weise zur Welt hin geöffnet. Dass sie hier die Welt nicht schulmeistert, vielmehr eher anerkennt, dass sie der Welt nicht nur Gaben austeilt, sondern auch von ihr empfängt, von ihr lernt, wiegt in meinen Augen viele anderweitige Mängel auf.«[6]

Ich möchte nur zwei Punkte herausgreifen, um anhand von Textbeispielen das Innovationspotenzial der Pastoralkonstitution zu erläutern. Der erste Punkt betrifft das Verhältnis von Kirche und Welt (bzw. Gesellschaft) und ist zentral für Form und Inhalt aller zukünftigen »Soziallehre«. Unter Einbeziehung der Schöpfungstheologie, wonach Gott

6 O. von Nell-Breuning, a. a. O., 87.

die Welt geschaffen hat (»und er sah, dass es gut war«), gelangt das Konzil zu einem positiven Begriff von Autonomie und kann auf dieser Basis mit einer Grundbeschreibung moderner Gesellschaft als primär funktional differenzierter Gesellschaft produktiv umgehen:

»Wenn wir unter Autonomie der irdischen Wirklichkeiten verstehen, dass die geschaffenen Dinge und auch die Gesellschaften ihre eigenen Gesetze und Werte haben, die der Mensch schrittweise erkennen, gebrauchen und gestalten muss, dann ist es durchaus berechtigt, diese Autonomie zu fordern. Das ist nicht nur eine Forderung der Menschen unserer Zeit, sondern entspricht auch dem Willen des Schöpfers. Durch ihr Geschaffensein selber nämlich haben alle Einzelwirklichkeiten ihren festen Eigenstand, ihre eigene Wahrheit, ihre eigene Gutheit sowie ihre Eigengesetzlichkeit und ihre eigenen Ordnungen, die der Mensch unter Anerkennung der den einzelnen Wissenschaften und Techniken eigenen Methoden achten muss. ... Wird aber mit den Worten ›Autonomie der zeitlichen Dinge‹ gemeint, dass die geschaffenen Dinge nicht von Gott abhängen und der Mensch sie ohne Bezug auf den Schöpfer gebrauchen könne, so spürt jeder, der Gott anerkennt, wie falsch eine solche Auffassung ist.« (GS 36)

Die Gesellschaft besteht also aus einem Zusammenspiel unterschiedlicher Bereiche, die nach jeweils eigenen Logiken funktionieren. Die Kirche vertritt mit dem Christentum einen dieser Bereiche, nämlich als eine Weltreligion (unter anderen) den religiösen Funktionskontext. Schon in dieser Perspektive ist die Welt, so wie sie das Konzil begreift, pluralistisch angelegt im Sinne einer Heterogenität differenzierter Teilbereiche mit eigenen Gesetzmäßigkeiten. Sie rückt von dem Anspruch ab, als *societas perfecta* im Gegenüber zur Welt dieser Welt ihre eigentlich richtige Form vorzuhalten, indem sie sich nun primär dem religiösen Bereich zuordnet und sozusagen selbstdezentralisierend einordnet in die Welt (von heute). Mithilfe dieser Spezialisierung gewinnt Kirche nunmehr im Politischen einen neuen Operationsmodus, indem sie auf die religiöse Dimension der menschlichen Existenz hinweist und sich jetzt zum Anwalt des »Schutzes der Transzendenz der menschlichen Person« und damit zum institutionell selbstlosen Anwalt der individuellen Religionsfreiheit macht:

»Sehr wichtig ist besonders in einer pluralistischen Gesellschaft, dass man das Verhältnis zwischen der politischen Gemeinschaft und der Kirche richtig sieht, so dass zwischen dem, was die Christen als Einzelne oder im Verbund im eigenen Namen als Staatsbürger, die von ihrem christlichen Gewissen geleitet werden, und dem, was sie im Namen der Kirche zusammen mit ihren Hirten tun, klar unterschieden wird. Die Kirche, die in keiner Weise hinsichtlich ihrer Aufgabe und Zuständigkeit mit der politischen Gemeinschaft verwechselt werden darf, noch auch an irgendein politisches System gebunden ist, ist zugleich Zeichen und Schutz der Transzendenz der menschlichen Person. Die politische Gemeinschaft und die Kirche sind auf je ihrem Gebiet voneinander unabhängig und autonom. ... Doch setzt sie [die Kirche] ihre Hoffnungen nicht auf Privilegien, die ihr von der staatlichen Autorität angeboten werden. Sie wird sogar auf die Ausübung von legitim erworbenen Rechten verzichten, wenn feststeht, dass durch deren Inanspruchnahme die Lauterkeit ihres Zeugnisses in Frage gestellt ist, oder wenn veränderte Lebensverhältnisse eine andere Regelung fordern.« (GS 76)

Das neu gewonnene Verhältnis von Soziallehre und Ekklesiologie in Form einer besonders umwelt- und damit pluralismussensiblen Weltkirche, gerade weil sie auf den religiösen Zusammenhang primär bezogen ist, hat in der Selbstbeschreibung innerkirchlicher Funktionen und Positionen Konsequenzen, die mit dem missverständlichen Begriff des sogenannten »Weltauftrags der Laien« gefasst werden. Das Konzil tippt in dieser Frage das Thema des innerkirchlichen Pluralismus an, dem bisher durch die einseitige Betonung der Hierarchie bis hin zum Universalepiskopat des

Papstes und entsprechender Gehorsamssemantik begegnet wurde. Zum ersten Mal in der Kirchengeschichte werden die Laien als eigener kirchlicher Stand gewürdigt. In gewisser Weise ergänzt dabei die Pastoralkonstitution die Kirchenkonstitution *Lumen gentium,* wo den Laien ein besonderer Weltcharakter zugeschrieben wird, aus dem eine primäre Verantwortung für sogenannte zeitliche Dinge resultiere (LG 31). Als Sauerteig sollen Laien die Welt gewissermaßen von innen her heiligen und in diesem Sinne sollen die geweihten Hirten »die Würde und Verantwortung der Laien in der Kirche anerkennen und fördern. Sie sollen gern deren klugen Rat benutzen, ihnen vertrauensvoll Aufgaben im Dienst der Kirche übertragen und ihnen Freiheit und Raum im Handeln lassen, ihnen auch Mut machen, aus eigener Initiative Werke in Angriff zu nehmen« (LG 37). Demgegenüber stellt *Gaudium et spes* fest, dass man eben keinen künstlichen Gegensatz zwischen beruflicher und gesellschaftlicher Tätigkeit auf der einen Seite und dem religiösen Leben auf der anderen Seite konstruieren sollte:

»Die Laien sind eigentlich, *wenn auch nicht ausschließlich*, zuständig für die weltlichen Aufgaben und Tätigkeiten. ... Von den Priestern aber dürfen die Laien Licht und geistliche Kraft erwarten. Sie mögen aber nicht meinen, ihre Seelsorger seien immer in dem Grade kompetent, dass sie in jeder, zuweilen auch schweren Frage, die gerade auftaucht, eine konkrete Lösung ... hätten. Die Laien selbst sollen vielmehr im Licht christlicher Weisheit und unter Berücksichtigung der Lehre des kirchlichen Lehramtes darin ihre eigene Aufgabe wahrnehmen. ... so müsste doch klar bleiben, dass in solchen Fällen niemand das Recht hat, die Autorität der Kirche ausschließlich für sich und seine eigene Meinung in Anspruch zu nehmen. Immer aber sollen sie in einem offenen Dialog sich gegenseitig zur Klärung der Frage zu helfen suchen ... Die Laien aber, die am ganzen Leben der Kirche ihren tätigen Anteil haben, sind nicht nur gehalten, die Welt mit christlichem Geist zu durchdringen, sondern sie sind auch dazu berufen, überall, und zwar inmitten der menschlichen Schicksalsgemeinschaft, Christi Zeugen zu sein. ... Durch beharrliches Studium sollen sie sich fähig machen, zum Dialog mit der Welt und mit Menschen jedweder Weltanschauung ihren Beitrag zu leisten.« (GS 43; Hervorhebung vom Autor)

Zu welchem Glaubenszeugnis ein partnerschaftlicher Dialog von Laien und Amt in der Lage ist, und zwar gleichermaßen in Bezug auf gesellschaftliche wie kirchliche Themen, hat zuletzt der Gesprächsprozess *Im Heute glauben* deutlich gemacht.[7]

Abschließend möchte ich festhalten, dass nach dem Konzil die Arbeitsteilung von Klerus und Laien nicht nach dem Modell *ad intra* und *ad extra* funktionieren kann. Kirche muss sich vielmehr in Gemeinschaft ihrer verschiedenen Charismen zusammen mit gläubigen Laien, Priestern und Bischöfen in der Welt um des Evangeliums willen bewähren. Der vormalige Integralismus

---

[7] Vgl. Überdiözesaner Gesprächsprozess »Im Heute glauben« 2011–2015, Abschlussbericht.

einer katholischen Gegengesellschaft in Form einer Verdoppelung der Welt ist spätestens mit dem Konzil beendet. Heute müssen wir aufpassen, dass er nicht in neuer Gestalt eines reflexhaften öffentlich-moralischen Wächteramtes für alle Themen wiederkehrt. Die gesellschaftliche Selbstdezentralisierung des Katholizismus sowie seine religiöse Neuerfindung durch das Konzil schaffen einen neuen inhaltlichen Universalismus. Aus eigener Kompetenz heraus und legitim äußern wir uns dann, wenn es um den prinzipiellen Transzendenzbezug des Menschen geht, wenn Religionsfreiheit, in welcher Form auch immer, infrage steht.

Mit dem Konzil einher geht aber auch eine Selbstdezentralisierung des Amtes in der Form, dass gerade der Beitrag der Laien zur Gestaltung von Gesellschaft und Kirche anerkannt und gewürdigt wird. Dies geschieht heute durch eine Intensivierung von Kommunikation und Dialog. Und Dialog ist auch der adäquate Modus im Umgang mit dem innerkirchlichen Pluralismus politischer Optionen, der den gesellschaftlichen Pluralismus wiederspiegelt. Vor diesem Hintergrund frage ich

mich, mit welchen Themen wir profiliert und zeit-
gemäß »Soziallehre« weiterschreiben sollen. Sicher
geht es um Lebensschutz am Anfang wie am Ende
des Lebens, es geht um die Bedingungen der Möglichkeit, in personalen Beziehungen leben zu können (Familienpolitik / Wohlfahrtsstaat); darüber
hinaus sind Menschenrechtspolitik und Friedens-
ethik weitere Perspektiven im Horizont der Ge-
rechtigkeitsverheißung.

Abkürzungen der Dokumente des Zweiten Vatikanischen Konzils

AA   *Apostolicam actuositatem* (Dekret über das Laienapostolat, 18. 11. 1965)

AG   *Ad gentes* (Dekret über die Missionstätigkeit der Kirche, 7. 12. 1965)

CD   *Christus Dominus* (Dekret über die Hirtenaufgabe der Bischöfe, 28. 10. 1965)

DH   *Dignitatis humanae* (Erklärung über die Religionsfreiheit, 7. 12. 1965)

DV   *Dei Verbum* (Dogmatische Konstitution über die göttliche Offenbarung, 18. 11. 1965)

GE   *Gravissimum educationis* (Erklärung über die christliche Erziehung, 7. 12. 1965)

GS   *Gaudium et spes* (Pastorale Konstitution über die Kirche in der Welt von heute, 7. 12. 1965)

IM   *Inter mirifica* (Dekret über die sozialen Kommunikationsmittel, 4. 12. 1963)

LG   *Lumen gentium* (Dogmatische Konstitution über die Kirche, 21. 11. 1964)

NA   *Nostra aetate* (Erklärung über das Verhältnis der Kirche zu den nichtchristlichen Religionen, 28. 10. 1965)

OE   *Orientalium Ecclesiarum* (Dekret über die katholischen Ostkirchen, 21. 11. 1964)

OT   *Optatam totius* (Dekret über die Ausbildung der Priester, 28. 10. 1965)

PC   *Perfectae caritatis* (Dekret über die zeitgemäße Erneuerung des Ordenslebens, 28. 10. 1965)

PO   *Presbyterorum ordinis* (Dekret über Dienst und Leben der Priester, 7. 12. 1965)

SC   *Sacrosanctum Concilium* (Konstitution über die heilige Liturgie, 4. 12. 1963)

UR   *Unitatis redintegratio* (Dekret über den Ökumenismus, 21. 11. 1964)

Über die Autoren

Franz-Xaver Kaufmann

1932 geboren in Zürich, Jurastudium in Zürich und St. Gallen, Soziologiestudium in Paris, 1960 Promotion in Nationalökonomie, 1968 Habilitierung in Soziologie; 1969–1997 Professor für Sozialpolitik und Soziologie an der Universität Bielefeld; 1979–1983 dort auch Direktor des Zentrums für interdisziplinäre Forschung und 1980–1992 Gründungsdirektor des Instituts für Bevölkerungsforschung und Sozialpolitik.

Karl Lehmann

1936 geboren in Sigmaringen, Theologie- und Philosophiestudium in Freiburg und Rom, 1962 Dr. phil., 1963 Priesterweihe, 1967 Dr. theol.; während des Zweiten Vatikanischen Konzils und in den Folgejahren Assistent Karl Rahners; 1968 Professor für Dogmatik in Mainz, 1971 Professor für Dogmatik und Ökumenische Theologie in Freiburg im Breisgau. 1983–2016 Bischof von Mainz, 1987–2008 Vorsitzender der Deutschen Bischofskonferenz, seit 2001 Kardinal.

Franz-Josef Overbeck

1964 geboren in Marl, Theologiestudium in Münster und Rom, 1989 Priesterweihe, anschließend Tätigkeiten in der Seelsorge; 2000 Dr. theol., danach Leiter des Instituts für Diakonat und pastorale Dienste im Bistum Münster; 2007 Weihbischof, 2008/09 Diözesanadministrator im Bistum Münster; seit 2009 Bischof von Essen, seit 2011 zusätzlich Militärbischof für die Bundeswehr, seit 2014 Vorsitzender der Kommission für gesellschaftliche und soziale Fragen der Deutschen Bischofskonferenz.